看了就能懂的法律常识

劳动纠纷

方也媛◎主编

王晓雅◎副主编

吉林出版集团股份有限公司

全国百佳图书出版单位

图书在版编目（CIP）数据

看了就能懂的法律常识. 劳动纠纷 / 方也媛主编
.-- 长春：吉林出版集团股份有限公司，2023.4
（2025.1重印）
ISBN 978-7-5731-1435-8

Ⅰ.①看… Ⅱ.①方… Ⅲ.①劳动争议－处理－基本
知识－中国 Ⅳ.①D920.4

中国版本图书馆CIP数据核字（2022）第055223号

KANLE JIU NENG DONG DE FALU CHANGSHI LAODONG JIUFEN

看了就能懂的法律常识·劳动纠纷

主　　编	方也媛
副 主 编	王晓雅
责任编辑	于　欢
装帧设计	刘美丽

出　　版	吉林出版集团股份有限公司
发　　行	吉林出版集团社科图书有限公司
地　　址	吉林省长春市南关区福祉大路5788号　邮编：130118
印　　刷	唐山楠萍印务有限公司
电　　话	0431-81629711（总编办）
抖 音 号	吉林出版集团社科图书有限公司　37009026326

开　　本	720 mm×1000 mm　1／16
印　　张	13
字　　数	160 千
版　　次	2023 年 4 月第 1 版
印　　次	2025 年 1 月第 3 次印刷

书　　号	ISBN 978-7-5731-1435-8
定　　价	55.00 元

如有印装质量问题，请与市场营销中心联系调换。0431-81629729

编 委 会

序　言

　　党的十八大以来，以习近平同志为核心的党中央高度重视法治在推进国家治理体系和治理能力现代化中的重要作用，中央全面依法治国工作会议更是明确了习近平法治思想在全面依法治国中的指导地位，为全面依法治国提供了根本遵循和行动指南。

　　依法治国、普法先行。法治宣传教育是一项具有基础性、先导性、长期性的工作，推进全面依法治国，归根结底要靠全民法治素质的提高，靠依法办事习惯的养成。可以说，全民普法是全面依法治国的重要内容之一，对法治中国建设起着基础性的关键作用。近年来，随着普法教育的深入，公民的法律意识不断增强，自觉维护法律和自身权益已成为许多公民的自觉行为。但是在分工不断发展、生活节奏逐渐加快的现代社会中，普通民众忙于生计，无暇深入研究法规法条，而且，庞杂的现代法律也使得普通民众难以深层次地了解法律知识。

　　如何能够使这个庞大的群体在忙碌之余接受法律的教育，如何让他们对法律产生兴趣并且在遇到法律问题时可以快捷地找到答案？方也媛老师带队编写的这套图书就为大家提供了这样的一种途径。

　　这套书一共六本，分别是《看了就能懂的法律常识 合同纠纷》《看了就能懂的法律常识 婚姻家庭》《看了就能懂的法律常识 道路交通》《看了就能懂的法律常识 劳动纠纷》《看了就能懂的法律常识 未成年人保护》《看了就能懂的法律常识 中小企业法律风险防控》。结构上分为案例、法律问题、法律分析、案例拓展四个部分。先通过案例引出问题，让读者可以清晰地知道在什么情况下可能存在什么法律问题。之后在法律分析中对引出的问题进行解释，最后通过案例拓展对该法律问题的相关法律知识进行普及，提出合理规避风险的方法。这种编排方式不仅可以针对已产生的问题给出解决办法，也能让当事人对潜在的风险充分防范。

　　书中案例全部来自裁判文书网上发布的真实案例，更贴近生活实际。法律分析版块在引用现行相关法律条文对案例进行解析的同时，又对法律的适用环境进行解读，以便于读者在现实中遇到类似情况时进行应用。案例拓展版块充分展示了法律在实践应用中可能遇到的情况，既起到拓展思路的作用，也可以使读者不局限于本书的内容，进行更深入的思考。

　　本书主编方也媛，在从事教学工作的同时担任律师多年，理论知识和实践经验均比较丰富。其他作者全部通过了国家统一法律职业资格考试。这些作者均具有研究生学历，在校期间成绩优异，在学术上取得了一定的成果：多人曾在省级期刊发表论文，一人曾获副省级法治论坛优秀论文奖，多人参与吉林省法学会项目等课题研究。

　　人们在生活中都会碰到各种问题和麻烦，很多时候都需要使用法律来解决。所以，法律离我们每个人并不远，它与生活息息相关。很多人可能感觉法律是一道难以逾越的高墙，遇到了法律问题大部分人不知道怎么解决，甚至干脆就能忍则忍，放弃主动用法律武器保护自己的权利。希望本书能够为读者们提供一个解决问题的思路，让读者们在生活中遇到问题时能够通过本套书的案例和分析得到一个解决办法，为生活增添一些便捷。

　　是为序。

李韧夫

2022年12月

目录
CONTENTS

第四章 劳动报酬

第五章 工作时间与休假制度

第六章　其　他

第一章
劳动合同

⚖ **问题1：**
公司未与职工签订书面劳动合同，职工可以要求赔偿吗？

[案例]

张某某于2009年2月入职A公司，工作1年，但公司未与其签订书面劳动合同。2010年1月，公司人事部门口头通知张某某解除劳动关系。2010年2月，张某某委托律师要求公司支付未签书面劳动合同的双倍工资差额及违法解除劳动关系赔偿金。

在劳动仲裁中，A公司虽确认双方解除了劳动关系的事实，但认为张某某是自愿离职，属于合法解除，因此A公司不应该赔偿其主张的赔偿金。至于未签订书面劳动合同，A公司已经通知过其签订书面劳动合同，但由于张某某自身原因，导致未签订书面劳动合同。A公司未提供任何证据证明上述主张。

[法律问题]

本案中，A公司是否需要支付未签订书面劳动合同的双倍工资差额及违法解除劳动关系赔偿金呢？

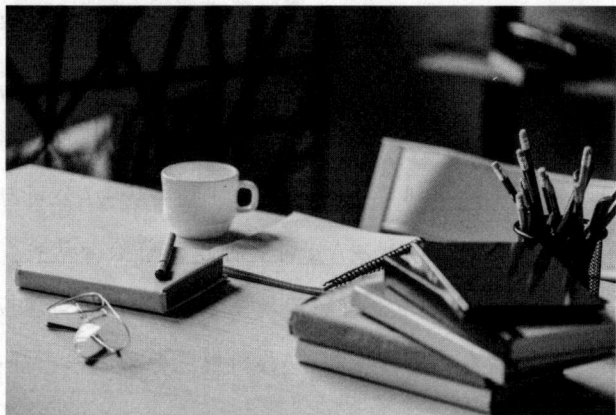

[法律分析]

根据本案材料，案件已经进入劳动仲裁阶段。针对张某某的两项仲裁请求，A公司均未完成自己的举证责任，未提供有力证据证明自己的答辩观点。仲裁委肯定要判决A公司支付其未与张某某签订书面劳动合同的双倍工资差额及违法解除劳动关系赔偿金。

本案的核心问题只有一个，就是举证责任分配的问题。案件中，A公司在举证这一环节上做得非常失败，认为自己做得很有道理，很符合人情世故，以为自己只要完全否认职工在庭审过程中陈述的事实，仲裁员就会了解事实真相，会支持自己的答辩观点。其实不然。

本案中第一个仲裁请求争议焦点集中在A公司解除劳动关系是否合法。A公司称张某某是自愿离职的，其认为根据法律上"谁主张，谁举证"的一般规定，张某某无法拿出A公司解除劳动关系通知之类的书面证据。在这种情况下，A公司认为仲裁委不会支持张某某的仲裁请求。A公司这样理解其实是完全错误的，因为在解除劳动关系的这个法律事实查明问题上，举证规则有些特别。本案的争议前提是双方劳动关系已经解除，这一事实双方均不否认。那么谁提出解除劳动关系的举证责任已经不再由张某某这个原告承担了。A公司主张张某某属于自愿离职，应提供有关证据，而A公司并没有任何证据证明张某某是自愿离职的，因而应当承担举证不能的不利后果。因此，仲裁委认为A公司与张某某解除劳动关系属于违法解除，裁决A公司支付违法解除劳动关系赔偿金。本案中，是A公司与张某某违法解除劳动关系，那么A公司理应对张某某进行赔偿，如果是张某某主动要求与A公司解除劳动关系，那么A公司是无须支付赔偿金的。

本案中第二个仲裁请求的核心是查明未签订书面劳动合同的原因。用人单位未签订书面劳动合同的后果为"双罚"，参见《中华人民共和国劳动合同法实施条例》第六条规定："用人单位自用工之日起超过一个月不满一年未与劳动者订立书面劳动合同的，应当依照劳动合同法第八十二条的规定向劳动者每月支付两倍的工资，并与劳动者补订书面劳动合同……前款规定的用人单位向劳动者每月支付两倍工资的起算时间为用工之日起满一个月的次日，截止时间为补订书面劳动合同的前一日。"这里要提醒大家注意仲裁时效的问题，对于两倍工资的追索，应当适用一年的仲裁时效。

本案的案件事实是：张某某与A公司长达一年之久未签订书面劳动合同。对此，双方均无异议。根据《中华人民共和国劳动合同法实施条例》的有关规定，只有在"劳动者不与用人单位订立书面劳动合同"的情况下，用人单位可以不需要支付双倍工资差额。但在本案中，A公司并未提供有效证据证明张某某拒绝签订书面劳动合同和其已履行了诚实磋商义务的事实，故仲裁委应裁决A公司支付张某某双倍工资差额。

最后，在未签订书面劳动合同导致双倍工资赔偿这一法律问题上，建议用人单位对入职后迟迟不签订书面劳动合同的职工，一般应与其部门领导沟通，与其终止劳动关系。如果企业需要该职工，就要保留好与职工磋商签订书面劳动合同的证据，如谈话记录（签字）、劳动合同收条之类的书面文件。

[案例拓展]

每个职工都要与公司签订书面劳动合同。那么什么是劳动合同？为什么要签订书面劳动合同呢？

《中华人民共和国劳动合同法》第十条规定："建立劳动关系，应当订立书面劳动合同。"劳动者入职用人单位都需要和用人单位依法订立书面劳动关系。劳动合同内容由用人单位与劳动者协商一致，并经用人单位与劳动者在劳动合同文本上签字或者盖章生效。劳动合同的文本一般也是由用人单位和劳动者各自保管一份。

法律要求劳动者入职之后要和用人单位签订书面劳动合同，更多的是出于对劳动者的保护而作出的规定。书面劳动合同记载了劳动者的工作岗位、工资标准、工作内容、工作地点、工作时间和休息休假等内容。有了书面劳动合同，劳动者在用人单位工作期间就有了保障。即使日后发生劳动争议，书面劳动合同也是证明劳动者身份和确定双方权利义务关系的重要证据。

那么如果劳动者入职的时候没有签订书面劳动合同，会有什么法律后果呢？

签订书面劳动合同是用人单位的法定义务。用人单位没有与劳动者签订书面劳动合同，依据《中华人民共和国劳动合同法》第八十二条的规定，用人单位需要向劳动者支付未签订书面劳动合同的二倍工资。所以，本案中用人单位除了每月支付给劳动者的正常工资外，还要额外再支付一笔第2个月至第12个月等额的工资作为未签订书面劳动合同的赔偿。

但是这个赔偿是有时间要求的，因为法律规定已建立劳动关系的，在用工之日起一个月内，用人单位就应该和劳动者订立书面劳动合同。所以，劳动者入职用人单位提供劳动后的第一个月内，用人单位就应该和劳动者签订书面劳动合同了。那么，未签订书面劳动合同的二倍工资就应该从劳动者入职之后的第二个月开始计算。如果劳动者入职用人单位已经超过一年了，用人单位还是没有和劳动者签订书面劳动合同，那么此时根据法律规定视为双方已经签订了书面劳动合同，属于无固定期限劳动合同，也就意味着双方劳动关系没有确定的终止时间。

人事管理部门的负责人如果没有签订书面劳动合同，是否也可以像普通职工一样主张未签订书面劳动合同的二倍工资赔偿呢？这就要结合案情具体分析了。在司法实践中，如果是用人单位人事管理部门的负责人，他的职责包括负责订立书面劳动合同，离职后再向单位主张未签订书面劳动合同的二倍工资，这种情况下，仲裁委一般是不会支持的。但是如果该负责人能够证明在工作期间他确实向用人单位要求过和自己签订书面劳动合同，但是用人单位拒绝了，这种情况下仲裁委也能支持人事管理部门的负责人的未签订书面劳动合同的二倍工资要求。

如果劳动者入职超过一个月了，这时用人单位才和劳动者补签书面劳动合同，这种情况下，劳动者还能向用人单位主张未签订书面劳动合同的二倍工资吗？

　　法律规定签订书面劳动合同的时间是用工之日起一个月内，如果劳动者和用人单位事后补签了书面劳动合同，补签到了实际用工之日，在司法实践中，这种情况就视为用人单位和劳动者已经达成了一致意见。劳动者如果还主张未签订书面劳动合同的二倍工资，则无法得到仲裁委的支持。

　　可是如果劳动者和用人单位虽然补签了书面劳动合同，但是没有补签到实际用工之日，即实际用工之日和补签日期之间还有一段时间距离，那么对于这段时间扣除一个月的订立书面劳动合同的宽限期所剩的时间，劳动者主张未签订书面劳动合同的二倍工资的请求是可以得到支持的。

问题2：
聘书是不是劳动合同？

[案例]

王某于2020年年初通过应聘入职一家公司。他入职公司后，公司没有与他签订劳动合同，而是向他颁发了一张为期两年的聘书，聘任职务为销售部经理。聘书明确了王某的职责、待遇、工作期限等信息。半年后，由于公司高层变动，更换了总经理。新任总经理开始对公司进行清理、整顿。新任总经理以聘书不是劳动合同、公司与王某没有签订劳动合同为由，要跟王某解除劳动关系。王某不服，认为聘书等同于劳动合同，公司不能以此为借口开除自己。

[法律问题]

1. 聘书是不是劳动合同？

2. 王某和单位是否存在事实上的劳动关系？

3. 总经理有权跟他解除劳动关系吗？

[法律分析]

本案中，王某跟公司之间虽然没有签订人们通常所称的劳动合同，但公司发给王某的那份聘书可以视为劳动合同。王某和单位之间存在事实上的劳动关系，新任总经理无权与王某解除劳动关系。

《中华人民共和国劳动法》规定，劳动合同应当以书面形式订立，并具备以下条款：劳动合同期限、工作内容、劳动保护和劳动条件、劳动报酬、劳动纪律、劳动合同终止的条件、违反劳动合同的责任。结合本案来看，公司给王某的聘书中明确了王某的职责、待遇、工作期限等，该聘书已基本具备了劳动合同必备的部分条款。同时，王某对聘书中的内容没有任何异议，一直履行聘书中约定的职责，领取了工资，享受了待遇。这说明双方当事人就聘书中明确注明的聘用期限、工作内容、待遇等达成一致意见，并已实际履行相应义务。所以，该聘书应视为劳动合同。

聘 书

兹聘请_____先生(女士)，任_____有限责任公司财务部经理，任期两年。聘期：2021年1月1日至2023年1月1日。

此聘

_____有限责任公司
二〇二一年一月一日

既然聘书被视为劳动合同，公司新任总经理在聘书中注明的聘用期限未满之前，随意解除与王某的劳动关系就违反了《中华人民共和国劳动法》，王某有权予以拒绝。结合本案，企业应注意：在人力资

看了就能懂的
法律常识
劳动纠纷
KANLE JIU NENG DONG DE
FALU CHANGSHI
LAODONG JIUFEN

源管理劳资关系中，公司应当清醒地认识到签订书面劳动合同的重要性。劳动合同的范畴是比较广泛的，能规范双方劳动关系的文件应该都是劳动合同，建议公司和职工尽量签订正规的书面劳动合同。

《中华人民共和国劳动合同法》第十六条规定：劳动合同由用人单位与劳动者协商一致，并经用人单位与劳动者在劳动合同文本上签字或者盖章生效。劳动合同文本由用人单位和劳动者各执一份。

第十七条规定：劳动合同应当具备以下条款：（一）用人单位的名称、住所和法定代表人或者主要负责人；（二）劳动者的姓名、住址和居民身份证或者其他有效身份证件号码；（三）劳动合同期限；（四）工作内容和工作地点；（五）工作时间和休息休假；（六）劳动报酬；（七）社会保险；（八）劳动保护、劳动条件和职业危害防护；（九）法律、法规规定应当纳入劳动合同的其他事项。

劳动合同除前款规定的必备条款外，用人单位与劳动者可以约定试用期、培训、保守秘密、补充保险和福利待遇等其他事项。

［案例拓展］

聘书和劳动合同的区别是什么？严格来说，聘书不同于劳动合同。从性质上看，聘书是用人单位聘请劳动者担任某种职务或承担某项工作的实用文书。它只是一个要约，是用人单位的单方意思表示，其是否发放无须经过劳动者同意；劳动者并不受其约束，可以接受，也可以不接受。《中华人民共和国劳动合同法》第十六条规定：劳动合同由用人单位与劳动者协商一致，并经用人单位与劳动者在劳动合同文本上签字或者盖章生效。而直接发聘书显然有违这样的程序性要求，因为它不需要职工本人签字盖章，是公司的单方面行为。因此也不能以聘书来代替劳动合同。

聘书不能等同于劳动合同。聘书要想转化为劳动合同，至少必须具有作为劳动合同的必备条款。劳动关系的成立需经过要约、承诺、签约三个步骤。

现实中，如果聘书的内容具备了上述必备条款，劳动者也已经直接签字认可，表明双方对劳动关系中的权利义务协商一致，聘书因而转化成劳动合同，具备劳动合同的效力；反之，若未经劳动者直接签字认可，则意味着尚未具有劳动合同的效力。本案中，公司对王某所发的聘书对其职责、待遇、工作期限等必备条款进行了说明，也经过王某认可，故视为劳动合同。

问题3:
没有续签劳动合同，单位可以随意开除
职工吗?

[案例]

肖某于2007年11月入职了一家公司，工作期间兢兢业业，单位对
他的表现很满意。两个月的试用期以后，双方签订了为期一年的劳动合
同。2008年11月，单位又提前通知他续签了一年的劳动合同。

转眼间，肖某的合同到期了，但是公司领导却一点儿动静也没
有，看不出丝毫想与他商量续签劳动合同的意思。肖某有心想问，却
又碍于情面张不开口。于是，肖某照样按时来上班，公司也没有降低
给他的待遇，双方相安无事。在合同到期一个月后，肖某突然被经理
找去谈话。经理一见面便直奔主题："你跟公司的合同已经过期了。
经公司研究，决定立即终止与你的劳动关系。下周你来财务部结清工
资，就不用再来上班了。"肖某认为，公司即使要跟他终止合同也得
有个过程，从而让他有个准备，这样太突然了。经理则表示："双方
的合同早就到期了，现在双方已经不再受劳动合同的约束，你可以随

时走人，公司当然也可以随时通知你结束劳动关系，不需要什么过程。"

[法律问题]

合同到期没有续签，单位可以随意开除职工吗?

[法律分析]

本案中，肖某遇到的问题在现实生活中比较普遍。许多劳动者要么是被单位录用后由于种种原因没有订立书面劳动合同，要么是原劳动合同期限已满后未续订书面劳动合同而继续在原单位工作，都有被单位突然辞退的遭遇。针对此类情况，首先应当明确的是在原劳动合同期限已满后未续订合同又实际履行的情况下，这种事实的劳动关系一般以原劳动合同条款确定双方的权利义务，但是原合同中关于期限的规定对双方不再有约束力，不能将原合同期限推定为新劳动关系的期限。由于履行期限处于不明确的状态，法律上把这种劳动合同称为无固定期限劳动合同。

根据《中华人民共和国劳动合同法》第十四条的规定，既然公司在第二份劳动合同期限已满时未与肖某通过协商确定是否续签劳动合同，而继续接受肖某提供的劳动，劳动关系并未终止，如肖某提出订立无固定期限劳动合同时公司应予配合。

[案例拓展]

企业的职工要注意：没有劳动合同不等于没有劳动关系，同样可以受法律的保护。企业的人力资源部门应当主动与劳动者签订或者续订书面的劳动合同，明确双方的权利义务，保护双方的合法权益。

问题4：
用人单位不开具离职证明，劳动者可以要求赔偿吗？

[案例]

陈某于2017年2月22日与某证券公司签订劳动合同建立劳动关系，合同期限自2017年2月22日至2020年5月17日止，工作岗位为投资银行（A市）分部高级经理。2017年9月28日，陈某向证券公司递交辞职信，其中载明："由于个人原因，向公司提出辞职，辞职日期为2017年10月9日，请予同意并出具工作鉴定。本人与公司的劳动关系自辞职日期次日起解除。"2017年10月9日，经证券公司同意，陈某离职，但证券公司未出具离职证明和工作鉴定。

2018年3月29日，陈某向劳动争议仲裁委员会提出书面仲裁申请，要求证券公司赔偿其未出具离职证明导致找不到工作的经济损失。陈某提供了B市某银行出具的录用通知及不予录用通知，落款时间分别为2017年10月19日及2017年10月20日，而且他提供了B市某银行于2018年3月26日出具的终止声明，以证明因证券公司未提供离职证明导致陈某无法入职新公司及产生经济损失。仲裁过程中，证券公司答辩称陈某离职后其已向陈某邮寄离职证明，但证券公司仅提供了快递单并未提供陈某的签收凭证。经仲裁委向快递公司调查核实，该快递的投递记录不存在。另外，仲裁委向B市某银行调查核实，确认因陈某未能提供终止或者解除劳动合同的证明导致未能录用陈某的事实。2018年5月，仲裁委裁决证券公司赔偿陈某经济损失。证券公司对仲裁裁决不服，提起诉讼。

一审法院经审理认为，当事人针对自己的诉讼主张所依据的事实应当提供相关证据加以证明，否则应由负有举证责任的一方承担不利后果。证券公司未能提供向陈某出具离职证明的证据，并且陈某因无离职证明导致未能被新公司录用，故一审法院判决证券公司支付陈某经济损失。

证券公司不服一审判决，提起上诉，认为陈某找不到工作是因为其懒惰。陈某从其处离职后在B市某银行找到了工作，因为没有离职证明未被录用，陈某完全可以再次应聘其他工作，但是却不继续找工作。所以陈某的损失系其懒惰造成，与证券公司无关。

二审法院经审理认为，因证券公司没有在法定时间内开具离职证明，导致陈某未被别的公司录用，证券公司应当承担责任。一审法院认定事实清楚，适用法律正确，应当予以维持。

[法律问题]

离职证明是用人单位与劳动者解除劳动关系的书面证明，是用人单位给离职职工办理离职手续的重要材料之一。如果用人单位不为劳动者开具离职证明，劳动者可以向用人单位要求赔偿吗？

[法律分析]

现如今，很多用人单位在招聘新职工时均要求求职者提供原单位开具的离职证明，以便了解求职者在原单位的相关情况，用于判断其与招聘岗位是否匹配，往往也据此作为是否录用的依据之一。因此，对劳动者来讲，离职证明具有很大作用。如果用人单位不依据法律规定给劳动者出具离职证明，就可能阻碍劳动者寻找新工作。因此，我国有关法律对用人单位为劳动者开具离职证明也作出了专门规定，规定用人单位应当对劳动者因此造成的损害，依法承担赔偿责任。《中华人民共和国劳动合同法》第五十条第一款规定："用人单位应当在解除或者终止劳动合同时出具解除或者终止劳动合同的证明，并在十五日内为劳动者办理档案和社会保险关系转移手续。"第八十九条规定："用人单位违反本法规定未向劳动者出具解除或者终止劳动合同的书面证明，由劳动行政部门责令改正；给劳动者造成损害的，应当承担赔偿责任。"但是，劳动者如果向用人单位主张赔偿经济损失，就应当举证证明自身存在经济损失，并且证明该损失与用人单位不出具离职证明存在因果关系，否则其主张也难以获得支持。

本案中，证券公司未在法定时间内向陈某出具终止劳动合同的书面证明，导致陈某未被B市某银行录用，给陈某造成损害，依法应承担赔偿责任。陈某主张证券公司赔偿损失，并提供了B市某银行出具的录用通知、不予录用通知和终止声明，证明了因证券公司未提供离职证明导致其无法入职新公司，进而产生经济损失。而证券公司虽然提出已经出具离职证明的抗辩，但没有证据予以证明，故陈某所主张的损失赔偿得到了支持。

[案例拓展]

劳动合同的解除可分为三种情况。根据《中华人民共和国劳动合同法》的规定，可区分为：

（一）双方协商一致解除

不论何种类型的劳动合同，不需要任何条件，都可以协商解除；并且，职工和单位都可以提出协商。

（二）职工单方解除

通常来说，当单位出现过错或违法时，职工可单方解除合同。例如：用人单位拖欠工资，不支付加班工资，未依法缴纳社会保险费，未提供约定的劳动保护或者劳动条件，无故随意变更工作地点和工作时间等。这时候双方僵持不下，职工可主动提出解除劳动合同。

单位没有过错而职工纯粹由于自身原因想离职的，通常来讲，除了与高管签订的劳动合同明确写出离职通知期为60天或90天，对于普通职工，劳动合同中都会有劳动合同解除条款："乙方提出解除劳动合同，应提前30日以书面形式告知甲方，方可解除劳动合同。"这里的乙方就是职工，甲方就是单位。怎么理解呢？首先，职工提出离职；其次，要提前30天通知单位；最后，要以书面形式通知（就是有本人签字的离职信）。三个条件全部满足，职工就算正式提出离职了。

单位若存在前面提到的过错或违法行为，职工可随时通知单位解除合同，无须其他程序。

（三）单位单方解除

用人单位单方解除劳动合同的情形包括《中华人民共和国劳动合同法》第三十九条规定的职工过失性辞退、第四十条规定的职工无过失性辞退（这种情况多为职工由于自身原因不能胜任工作）、第四十一条规定的经济性裁员等。

　　离职证明上写有职工的名字、身份证号、入离职时间、担任公司职位、没有违法乱纪行为、由于个人原因离职等信息。职工从单位取得离职证明时切记千万检查清楚，如发现有错别字，马上找人力资源部门进行修改。求职者没有这个离职证明，新单位很难为其办理入职手续。

问题5:
职工岗位变动，公司是否可以降薪？

[案例]

某公司业务经理张某已连续半年未完成业绩指标。2016年5月10日，公司人事部门对张某作出绩效评估，结论为不符合岗位要求，不能胜任现在的工作岗位。张某认可公司的结论，并在绩效评估表上签字确认。2016年5月15日，公司决定将其岗位调整为业务主管，同时其基本工资从8000元降到6000元。

张某收到调岗通知后，拒绝在调岗通知书上签字。张某认为，虽然因其未能胜任工作，公司有权调整其岗位，但未经其本人同意，公司不得调整其工资。

[法律问题]

职工岗位变动，公司是否可以降薪？

［法律分析］

在法定情形下，企业可以对职工单方调岗，但是能否薪随岗降，即企业在调岗的同时可否降低职工的工资？实践中存在截然相反的两种争议：

一是"薪不随岗降"。工资条款系劳动合同的必备条款，只有经双方协商一致，企业方可降低职工的工资；否则，企业即属于违反相关法律规定。而且，虽然企业因职工不能胜任工作等可以调整职工的岗位，但是这并不意味着企业同时有权单方降低职工的工资，毕竟法律没有明确规定企业可在调岗的同时降低职工的工资。

二是"薪可随岗降"。职工不能胜任工作的，企业有权单方调整职工岗位已无异议，但是伴随职工的岗位发生变化，其岗位职责、工作内容甚至劳动强度等均发生变化。在此前提下，如企业不能降薪，则与《中华人民共和国劳动法》第四十六条关于同工同酬的法律规定和按劳分配原则相悖。从企业用工管理权来说，岗位管理亦包含了相应的薪酬管理，岗位变动必然导致工资标准等变动。既然法律已明确规定企业在法定情形下可以单方调整职工的岗位，则可以认为企业的单方调岗权亦包含了薪酬调整权。否则，企业在法定情形下单方调岗并无任何意义。因此，应灵活理解企业的单方调岗权，不能机械地解读法律条款。

笔者认为，调岗的时候可以调整薪酬。当然，需明确以下三个前提：

第一，企业调岗必须合理合法。如企业调岗不合法或不合理，则"薪随岗降"缺乏合法基础或前提，势必导致企业单方降薪的不合法或不合理。

第二，需明确调岗后新岗位的工资标准。这要求企业的薪酬体系须完善，每个岗位所对应的工资标准应当明确。否则，企业单方调岗时，职工的工资标准需调整至什么标准则无章可循，进而导致只能按协商降薪的方式对职工的工资标准进行调整，企业就比较被动了。

第三，企业不得恶意降薪。企业基于单方调岗而调整职工工资标准时，应当遵循合理原则和同工同酬原则。前者要求企业的降薪幅度不能过大，如降幅50%以上；后者要求职工被调整后的工资标准应当与公司相同岗位（或类似岗位）或相同级别（或类似级别）的其他职工基本处于同一水平或不应有明显差距。否则，一旦企业的降薪行为被认定为恶意降薪，则企业的薪随岗降的措施必然是失败的。

凡事也有例外，如不胜任工作的女职工恰恰处于"三期"（孕期、产期、哺乳期）之内，则企业在调岗的时候，不得降低该女职工工资标准（参见《女职工劳动保护特别规定》《中华人民共和国妇女权益保障法》等）。当然，虽然企业在女职工"三期"之内不得单方降低其工资，但是双方可以通过协商方式调整"三期"女职工的工资标准。

［案例拓展］

《中华人民共和国劳动法》第十九条规定，职工的工作内容应当作为劳动合同的必备条款。然而现实中一些单位往往在劳动合同中对职工的工作内容不作明确的约定。即使某职工长期从事某项工作，也不能认定双方已约定了工作内容。在这种情况下，只能视为双方未对工作内容进行约定，理论上讲用人单位可以调整职工岗位。如双方在劳动合同中已经明确约定了工作内容，那么用人单位的调岗决定，应当视为对劳动合同的重大修改。用人单位必须与职工进行协商并征得其同意。

另一种情况是用人单位以职工有过错为由，对其进行调岗。这种调岗实质上是用人单位对职工的处罚行为。用人单位对职工进行处罚，应当建立在充分的事实基础上，以合法有效的内部规章制度为依据，并遵循相应的程序，比如听取申辩、通过工会等。如果用人单位未达到上述要求，其调职、调岗决定就是错误的。

调岗降薪属于劳动合同内容的变更，必须遵循协商一致的原则，用人单位若强行调岗降薪则是非法的。如果的确属于客观情况发生重大变化，用人单位不能与职工就调岗降薪达成一致的，用人单位可以提前一个月通知职工后，与职工解除劳动合同，并按照职工工作年限支付经济补偿金。

在职工因有过错而被调岗时，如职工承认过错并接受调职、调岗，用人单位降薪也要在合理范围内（至少应当达到相应岗位的平均水平）。

如果用人单位随意调岗降薪怎么办？

有时职工可以接受调岗，但不能接受降低劳动报酬。根据《中华人民共和国劳动法》第十七条之规定，劳动报酬作为劳动合同的必备条款，对劳动合同中的双方当事人均具有约束力，对其进行修改时，应当遵循平等自愿、协商一致的原则。因此，用人单位单方面降低职工的劳动报酬，是单方面修改劳动合同内容的行为，职工在知道或者应当知道工资降低之日起一年内均可以提起劳动仲裁申请。也就是说，如果职工认为用人单位调岗降薪的决定不合理，可以向用人单位管理层申辩；可以向工会反映，要求调解；也可以向劳动争议仲裁委员会申请仲裁。

但是，职工不能以消极方式对待用人单位的决定。考虑到现实中职工处于弱势地位，对于职工是否有权利拒绝用人单位不合理的调岗决定，应当进行具体分析。

如用人单位要求调动一个没有电工资格的职工去从事电工作业，该职工完全可以拒绝，依据就是《中华人民共和国劳动法》第五十六条第二款之规定，劳动者有权拒绝用人单位的违章指挥、强令冒险作业。

生活中，如果有遭遇单位随意调岗降薪的情况时，职工要懂得及时维护自己的合法权益，但千万注意不要采取不理智的措施。职工可以选择申请劳动调解，或者是准备好相关的证据材料后向劳动争议仲裁委员会申请劳动仲裁，依法维权。

问题6：
公司可以开除拒绝调岗的职工吗?

[案例]

陈某于2008年2月入职某公司从事项目管理工作。2014年3月，双方签订了无固定期限劳动合同，合同约定：陈某从事项目管理工作；公司根据工作需要，按照合理诚信原则，可依法调动陈某的工作岗位。同年10月，陈某参加了公司组织的其他岗位技能培训。公司通知陈某到新岗位工作，并告知陈某拒绝到岗的相应后果，但陈某予以拒绝。同月21日，公司再次征求陈某意见并被拒绝。同日，公司向陈某送达岗位调动通知书，通知书载明了相关调岗情形以及不服从调岗的相关后果，但陈某未到岗。同月23日，公司人力资源部通知工会，告知陈某的行为构成《职工手册》的丙类过失，将对陈某给予解除合同的处理。公司工会盖章同意。同日，公司出具通知单载明："兹有陈某由于非本人意愿解除劳动合同"等，陈某在通知单上签字。

陈某申请仲裁，要求公司支付解除劳动合同的赔偿金。仲裁委对陈某的请求不予支持。陈某诉至法院。

一审法院经审理认为，用人单位依法享有合理的用工自主权。劳动合同中约定用人单位根据工作需要可依法变动陈某工作岗位的条款并不违反法律的禁止性规定，应属有效。

因陈某不同意岗位调动，单位多次与其沟通并书面告知相应后果，陈某均不服从岗位调整。法院一审作出判决驳回陈某的诉讼请求。后陈某不服一审判决结果提起上诉，二审法院作出裁定驳回上诉，维持原判。

[法律问题]

公司可以开除拒绝调岗的职工吗?

[法律分析]

用人单位因客观情况发生变化或生产经营需要，对职工岗位进行适当、合理的调整，属于用人单位的用工自主权。在市场经济体制下，用人单位在依法合理范围内对职工进行岗位调整，且履行了相应的程序，职工无正当理由不服从用人单位管理的，用人单位可根据单位规章制度、职工手册，依法解除劳动合同。

用人单位对职工调整岗位后是否有赔偿需要根据具体情况来确定。

第一，调岗属于变更劳动合同的主要内容，用人单位必须先与职工协商一致。未经职工同意，用人单位单方面调整岗位，原则上是无效的。

第二，如果用人单位因生产经营需要调岗，且调岗具有合理性，对职工不存在侮辱或惩罚性质，工资待遇不降低，与劳动合同约定的岗位之间存在相关性，则调岗有效。当然，调整岗位的合理性需要用人单位举证。反之，用人单位基于迫使职工离职而调整岗位的，职工是可以拒绝的。用人单位以职工不服从安排为由解除劳动合同，就属于违法解除；职工可以申请劳动仲裁要求用人单位支付赔偿金，赔偿金的计算方式为月工资乘以工作年限。

第三，如果职工不能胜任工作，用人单位也是有权调整岗位的。当然，用人单位主张职工不能胜任工作也需要提供证据。职工拒绝调整岗位的，用人单位据此解除劳动合同，属于合法解除，但是用人单位也应该支付经济补偿金。

《中华人民共和国劳动合同法》第四十六条规定："有下列情形之一的，用人单位应当向劳动者支付经济补偿：

（一）劳动者依照本法第三十八条规定解除劳动合同的；

（二）用人单位依照本法第三十六条规定向劳动者提出解除劳动合同并与劳动者协商一致解除劳动合同的；

（三）用人单位依照本法第四十条规定解除劳动合同的；

（四）用人单位依照本法第四十一条第一款规定解除劳动合同的；

（五）除用人单位维持或者提高劳动合同约定条件续订劳动合同，劳动者不同意续订的情形外，依照本法第四十四条第一项规定终止固定期限劳动合同的；

（六）依照本法第四十四条第四项、第五项规定终止劳动合同的；

（七）法律、行政法规规定的其他情形。"

第四十七条规定："经济补偿按劳动者在本单位工作的年限，每满一年支付一个月工资的标准向劳动者支付。六个月以上不满一年的，按一年计算；不满六个月的，向劳动者支付半个月工资的经济补偿。

劳动者月工资高于用人单位所在直辖市、设区的市级人民政府公布的本地区上年度职工月平均工资三倍的，向其支付经济补偿的标准按职工月平均工资三倍的数额支付，向其支付经济补偿的年限最高不超过十二年。

本条所称月工资是指劳动者在劳动合同解除或者终止前十二个月的平均工资。"

第四十八条规定："用人单位违反本法规定解除或者终止劳动合同，劳动者要求继续履行劳动合同的，用人单位应当继续履行；劳动者不要求继续履行劳动合同或者劳动合同已经不能继续履行的，用人单位应当依照本法第八十七条规定支付赔偿金。"

第八十七条规定："用人单位违反本法规定解除或者终止劳动合同的，应当依照本法第四十七条规定的经济补偿标准的二倍向劳动者支付赔偿金。"

[案例拓展]

工作岗位调整属于劳动合同的变更。工作岗位属于劳动合同的重要内容，是用人单位与劳动者所订立的劳动合同的必备条款，用人单位在行使法律赋予的自主用工权时不仅应合法，还要具备合理性。

在司法实践中，往往出现用人单位未与劳动者协商，单方变更劳动者的工作岗位，而劳动者在被迫无奈的情况下不得已提出离职，从而使用人单位达到解除劳动关系的目的。对于此种用人单位滥用自主用工权的情形，笔者提示劳动者可以通过以下方式维权：

第一，劳动者就用人单位单方调岗行为，可以申请与用人单位协商解决。如果双方协商一致，可以变更劳动合同内容。

第二，用人单位若存在调岗行为不合法、不合理，则在劳动者与用人单位经协商未果的情况下，针对此种违法调岗行为，劳动者有权拒绝接受，可以申请仲裁要求继续按照劳动合同履行。

第三，劳动者若不想继续履行双方的劳动合同，以用人单位违法调岗为由，提出解除双方劳动关系，可以主张解除劳动合同经济补偿金。依据为《中华人民共和国劳动合同法》第三十八条第一款第（一）项，用人单位未按照劳动合同约定提供劳动保护或者劳动条件，劳动者以此为由解除劳动合同，可以获得解除劳动合同经济补偿金。

问题7：
劳动者学历造假被辞退，单位是否需要支付经济补偿?

[案例]

某电视大学专科学历的彭某某在向某公司提交履历时弄虚作假，把自己包装成了某财经大学本科毕业生。2005年11月，彭某某成功应聘该公司并担任营业部部长，月薪8000元。2007年9月，该公司发现彭某某学历造假后，以彭某某申报的履历有假、所提供的某财经大学本科学历系伪造为由，解除了与彭某某的劳动合同。2007年9月，彭某某向该公司住所地所在区的劳动争议仲裁委员会申请劳动仲裁，要求该公司支付1.2万余元作为解除劳动合同的经济补偿。

2008年1月，劳动争议仲裁委员会作出裁决，由某公司向彭某某支付解除劳动合同经济补偿金1.2万余元。某公司不服诉至法院，称彭某某2005年应聘时向公司提供虚假学历，致使公司与其签订待遇优厚的劳动合同，已依法解除劳动合同，无须支付经济补偿金。

一审法院经审理，判决驳回彭某某要求公司支付1.2万余元解除劳动合同经济补偿金的诉讼请求。彭某某不服，向二审法院提起上诉。二审法院认为，用人单位与劳动者订立劳动合同，应当遵循合法、公平、平等自愿、协商一致、诚实信用的原则，用人单位有权了解劳动者与劳动合同直接相关的基本情况，劳动者应当如实说明。经查证，彭某某向某公司提供的文凭确为假文凭。因此，某公司以彭某某隐瞒真实学历，双方签订的劳动合同无效为由解除劳动关系，无须向彭某某支付任何经济补偿。

[法律问题]

劳动者学历造假会造成合同无效吗？

[法律分析]

在求职过程中，简历造假主要体现在两个方面，一是学历造假，二是虚构经历。所谓学历造假，一般是指劳动者没有学历而伪造学历、低学历而伪造高学历、此学历而伪造彼学历等；所谓虚构经历，一般是指劳动者没有某种经历或经验而进行虚构。本案是一起典型的由于劳动者简历造假而导致劳动合同无效的案例。

什么是劳动合同无效？劳动合同无效，是指用人单位和劳动者所订立的劳动合同不符合法定条件，不能发生当事人预期的法律后果。

哪些情形会导致劳动合同无效？根据《中华人民共和国劳动合同法》第二十六条第一款规定，有下列三种情形之一的，劳动合同无效或者部分无效：（一）以欺诈、胁迫的手段或者乘人之危，使对方在违背真实意思的情况下订立或者变更劳动合同的；（二）用人单位免除自己的法定责任、排除劳动者权利的；（三）违反法律、行政法规强制性规定的。此外，如果劳动合同是部分无效的，则不影响其他部分效力，其他部分仍然有效。

用人单位和劳动者在签订劳动合同的过程中，均负有缔约告知义务。缔约告知义务，是指在劳动合同订立过程中，用人单位和劳动者依法承担相互如实告知必要信息以满足需求的义务。根据《中华人民共和国劳动合同法》第八条规定，用人单位招用劳动者时，应当如实告知劳动者工作内容、工作条件、工作地点、职业危害、安全生产状况、劳动报酬，以及劳动者要求了解的其他情况；用人单位有权了解与劳动合同直接相关的劳动者的基本情况，劳动者应当如实说明。

如果违反了缔约告知义务，则可能构成欺诈。欺诈，是指一方当事人故意告知对方虚假情况，或故意隐瞒实情，诱使对方当事人作出错误意思表示的行为。

本案中，彭某某应聘时向某公司提供伪造的某财经大学的本科学历，致使某公司与其签订待遇优厚的劳动合同，可以认定彭某某的行为构成了欺诈。因此，彭某某与某公司签订的劳动合同无效。

劳动合同的无效由谁来确认？根据《中华人民共和国劳动合同法》第二十六条第二款规定，对劳动合同的无效或者部分无效有争议的，由劳动争议仲裁机构或者人民法院确认。

劳动合同确认无效，劳动报酬如何确定？根据《中华人民共和国劳动合同法》第二十八条规定：劳动合同被确认无效，劳动者已付出劳动的，用人单位应当向劳动者支付劳动报酬。劳动报酬的数额，参照本单位相同或者相近岗位劳动者的劳动报酬确定。

劳动合同被认定无效可能产生两大法律后果：一是劳动合同的解除，二是赔偿责任的承担。

（一）劳动合同的解除

根据《中华人民共和国劳动合同法》第三十八条第一款第（五）项、第三十九条第（五）项，如果是用人单位的原因导致劳动合同无效的，劳动者可以随时解除劳动合同，而且用人单位需要按照法定标准向劳动者支付经济补偿；如果是劳动者的原因导致劳动合同无效的，用人单位也可以随时解除劳动合同而无须支付任何经济补偿。

本案中，某公司可以与彭某某解除劳动合同，而无须承担支付经济补偿的责任。

（二）赔偿责任的承担

根据《中华人民共和国劳动合同法》第八十六条规定，劳动合同依法被确认无效而给对方造成损害的，有过错的一方应承担赔偿责任。因此，本案中，假设某公司能够证明彭某某给其造成了损害，还可以要求彭某某承担赔偿责任。

[案例拓展]

一些求职者为了迎合用人单位的需求而在个人简历上乱做文章，殊不知，这样将会导致签订的劳动合同无效，进而使自己的权利得不到有效保障。

简历是求职者在人才市场中的重要"名片"，求职者在求职过程中为了增加竞争力，有时会对自己的学历、工作经历等情况进行"加工""美化"。然而用人单位不仅注重求职者的资历，更要求其诚信。求职者在填写简历时应当根据自己的学历、学位证书等如实填写。求职者因自身提供简历瑕疵而要求公司承担缔约过失责任进行赔偿，很难得到支持。

问题8：
合同期满遇到了法定延续劳动合同的情形怎么办？

[案例]

吴某某与公司签订的3年期固定期限劳动合同，于2016年9月21日到期。2016年8月15日，公司人力资源部与其先行沟通，提出双方劳动合同到期后将不予续签劳动合同，并告知吴某某公司将提前30日书面通知其办理劳动合同终止手续。2016年8月17日，吴某某因身体不适经请假后到医院检查，发现自己怀孕近两个月。2016年8月18日，到公司上班后，吴某某第一时间将怀孕情况告知公司，希望公司可以继续与其签订劳动合同。

[法律问题]

企业是否应该与吴某某继续签订劳动合同？

[法律分析]

根据《中华人民共和国劳动合同法》第十四条、第四十六条规定，除非遇到应当依法签订无固定期限劳动合同的情形，否则固定期限劳动合同因期限届满而终止，即企业可以终止双方劳动合同，但应按规定向职工支付经济补偿金。

至于企业终止固定期限劳动合同是否需提前向职工书面通知，则视各地规定不同而不同，如北京规定企业终止劳动合同应当提前30日书面通知职工；否则，每晚通知1日，则应向职工支付1日工资的赔偿金。

基于对于特殊人群的保护，当固定期限劳动合同期限届满时，恰好遇到法律规定的特殊情形时，则固定期限劳动合同应当依法续延至相应情形消失时方可终止（《中华人民共和国劳动合同法》第四十五条）。依据《中华人民共和国劳动法》第四十二条规定，遇有下列情形之一，固定期限劳动合同期满时应依法自动续延，企业不得终止劳动合同：第一，从事接触职业病危害作业的劳动者未进行离岗前职业健康检查，或者疑似职业病病人在诊断或者医学观察期间的；第二，在本单位患职业病或者因工负伤并被确认丧失或者部分丧失劳动能力的；第三，患病或者非因工负伤，在规定的医疗期内的；第四，女职工在孕期、产期、哺乳期的；第五，在本单位连续工作满十五年，且距法定退休年龄不足五年的；第六，法律、行政法规规定的其他情形。比如：工会主席、副主席或者委员任职期间，劳动合同期满的。但是，任职期间个人严重过失或者达到法定退休年龄的除外（参见《中华人民共和国工会法》第十八条）。又如：职工协商代表在任期内，劳动合同期满的（参见《关于进一步推行平等协商和集体合同制度的通知》）。

本案即为固定期限劳动合同需依法续延的典型情形——女职工"三

期"。毫无疑问，公司不得终止与吴某某的劳动合同，而是应依法延续吴某某的劳动合同至哺乳期结束（在正常情况下，排除流产、婴儿夭折等情形）方可终止。

[案例拓展]

为了保障妇女的劳动权利，我国劳动法给予女职工特殊的劳动权利保护。尤其是针对女职工生理机能的变化，在女职工孕期、产期和哺乳期间，除非具备严重违反用人单位规章制度、严重失职给用人单位造成重大损害以及被依法追究刑事责任等自身有重大过错的法定情形，用人单位均不得解除劳动合同。为防止用人单位变相损害女职工的合法权益，《中华人民共和国劳动合同法》还特别规定：劳动合同期满，处于孕期、产期、哺乳期的女职工的劳动合同应当续延至相应的情形消失时终止。

如果用人单位擅自解除劳动合同，那么劳动者有权要求用人单位支付违法终止劳动合同赔偿金，赔偿金标准为每工作1年支付2个月工资作为赔偿金，以女职工离职前12个月的平均工资计算月工资标准，或者通过仲裁途径，要求用人单位撤销终止劳动合同决定、恢复劳动关系、补发工资。

对于用人单位而言，有两种选择：如果女职工怀孕期间劳动合同到期了，公司可以与女职工续签劳动合同，以后就执行新劳动合同；公司也可以不续签劳动合同，但是原劳动合同不会终止，将自动续延至哺乳期届满，工资待遇按原劳动合同执行，确保女职工享受到"三期"的特殊待遇。用人单位在劳动合同到期并发生自动顺延情形时，建议制作劳动合同顺延登记表、劳动合同期限顺延通知书等文件，由用人单位与劳动者书面确认劳动合同期限自动顺延的事实依据、法律依据、截止日期等内容，有效防范因劳动合同自动顺延而发生的劳动争议。

顺延结束后，公司仍然有两种选择：一是等到哺乳期结束后再决定是否和女职工续签劳动合同，二是劳动合同到期后和女职工终止劳动关系。对女职工而言，她们更愿意选择续签。因为这样可以计算合同签订次数，如果连续两次签订了固定期限劳动合同，那么第三次签订时就可要求与公司签订无固定期限劳动合同。

虽然《中华人民共和国劳动合同法》第四十二条规定，用人单位不得依照本法第四十条、第四十一条的规定与孕期女职工解除劳动合同，但并非任何情形下，用人单位都无权与孕期女职工解除劳动关系。根据《中华人民共和国劳动合同法》第三十九条的规定，劳动者严重违反用人单位的规章制度的，用人单位可以解除劳动合同。换言之，第三十九条规定的情形不受第四十二条不得解除情形的约束，如果孕期女职工存在第三十九条的情形，用人单位仍然可以与之解除劳动合同。

还有一些例外情况。如果双方协商一致可以解除劳动合同，《中华人民共和国劳动合同法》第三十六条规定：用人单位与劳动者协商一致，可以解除劳动合同。同时《最高人民法院关于审理劳动争议案件适用法律若干问题的解释（三）》第三十五条规定，劳动者与用人单位就解除或者终止劳动合同办理相关手续，支付工资报酬、加班工资、经济补偿或者赔偿金等达成的协议，不违反法律、行政法规的强制性规定，且不存在欺诈、胁迫或者乘人之危情形的，应当认定有效。

总之，法律保护孕期女职工的合法权益。如果用人单位存在违法解除劳动合同的情形，孕期女职工有权基于怀孕事实要求继续履行劳动合同或支付违法解除劳动合同赔偿金。同时，孕期并非女职工的万能保护伞，法律对孕期女职工的保护亦有边界。如孕期女职工严重违反用人单

看了就能懂的
法律常识
劳动纠纷
KANLE JIU NENG DONG DE
FALU CHANGSHI
LAODONG JIUFEN

位的规章制度，用人单位可以随时单方解除劳动合同。若在双方协商一致解除劳动关系的情形下，孕期女职工就不能基于怀孕事实，要求继续履行劳动合同或支付违法解除劳动关系赔偿金。

问题9：
公司可以以非全日制用工为由随时辞退职工吗?

[案例]

江某就职于甲公司，是一名外勤人员，适用不定时工作制。2020年3月，因甲公司效益一直不好，濒临破产，被乙公司兼并，江某成了乙公司职工，继续适用不定时工作制。2021年3月，江某与上司因工作矛盾争吵，上司向乙公司提出辞退江某的要求。乙公司认为：非全日制用工用人单位和劳动者中的任何一方都可以随时通知对方终止用工。所以，乙公司以江某是非全日制用工的劳动者为由，将江某辞退。江某不服，认为公司对他的辞退行为是违法的，遂申请劳动仲裁。

[法律问题]

公司可以以非全日制用工为由随时辞退职工吗?

[法律分析]

本案中，江某并不是非全日制用工的劳动者，而是不定时工作制劳动者，乙公司混淆了二者的区别，进而作出了无理由辞退不定时工作制劳动者的错误决定，对于不定时工作制劳动者，乙公司无权对其随时终止用工。

非全日制用工，是指以小时计酬为主的灵活用工形式，它和全日制用工相比，具有不同的特点。根据《中华人民共和国劳动合同法》第六十八条规定：非全日制用工，是指以小时计酬为主，劳动者在同一用人单位一般平均每日工作时间不超过四小时，每周工作时间累计不超过二十四小时的用工形式。该种灵活用工形式，仅规定了每周工作时间的上限。非全日制用工双方，可以签订书面协议，也可以订立口头协议。双方当事人任何一方都可以随时通知对方终止用工。终止用工，用人单位不向劳动者支付经济补偿。同时，从事非全日制用工的劳动者可以与一个或者一个以上用人单位订立劳动合同。但是，后订立的劳动合同不得影响先订立的劳动合同的履行。非全日制用工劳动报酬结算支付周期最长不得超过15日。双方当事人不得约定试用期。

但是，本案中江某不是非全日制用工，而是"不定时工作制"。实行不定时工作制的人员主要有企业中的外勤人员、推销人员、高级管理人员、出租汽车司机等，因工作性质特殊，需机动作业的职工。所以，江某并非小时工，用人单位不能随时解除与其的劳动合同。

[案例拓展]

本案中乙公司终止劳动合同的行为违法，应恢复江某的工作，但是如果江某对乙公司心灰意冷，主动放弃恢复工作而要求乙公司对其进行其他补救是否可行呢？

答案是可行的，对于江某的救济方式有如下两种：

第一，江某可以主张乙公司违法终止劳动合同，要求其支付赔偿金。

第二，江某可以主张乙公司规章制度违法且损害劳动者权益，要求乙公司解除劳动合同及支付经济补偿金。

那么，经济补偿金和赔偿金有什么区别呢？

当出现劳动合同解除或终止情形时，经济补偿金和赔偿金不能同时适用。

经济补偿金，是指当劳动合同依法解除时，用人单位仍然需要支付给劳动者一定数额的金钱。经济补偿金不同于赔偿金，它不是对用人单位的一种惩罚。

赔偿金，是指《中华人民共和国劳动合同法》第八十七条规定："用人单位违反本法规定解除或者终止劳动合同的，应当依照本法第四十七条规定的经济补偿标准的二倍向劳动者支付赔偿金。"（赔偿金＝经济补偿金×2）。所以劳动合同解除或者终止时"赔偿金"数额是"经济补偿金"的二倍。由于二者适用前提不同，所以二者不可以同时适用。

在用人单位有违约或者侵权行为时，劳动者享有特别解除权。《中华人民共和国劳动合同法》第三十八条规定："用人单位有下列情形之一的，劳动者可以解除劳动合同：

（一）未按照劳动合同约定提供劳动保护或者劳动条件的；

（二）未及时足额支付劳动报酬的；

（三）未依法为劳动者缴纳社会保险费的；

（四）用人单位的规章制度违反法律、法规的规定，损害劳动者权益的；

（五）因本法第二十六条第一款规定的情形致使劳动合同无效的；

（六）法律、行政法规规定劳动者可以解除劳动合同的其他情形。

用人单位以暴力、威胁或者非法限制人身自由的手段强迫劳动者劳动的，或者用人单位违章指挥、强令冒险作业危及劳动者人身安全的，劳动者可以立即解除劳动合同，不需事先告知用人单位。"

并且，劳动者在上述情形下解除劳动合同，用人单位要支付劳动者经济补偿金。（《中华人民共和国劳动合同法》第四十六条）

问题10：
公司发生经济性裁员，是否可以要求公司支付解除劳动合同赔偿金?

[案例]

张某于2008年2月15日入职了一家电子公司，双方自2014年4月1日起签订了无固定期限劳动合同。后来，电子公司因经营困难而进行经济性裁员，其证据有某会计师事务所出具的《电子公司财务审计报告（2014—2017年）》，显示在此期间电子公司每年均有巨额亏损，以此证明其生产经营已发生严重困难。电子公司于2017年12月在全国范围内新招聘职工5人，于2018年1月新招聘职工1人，之后未再新招聘职工。电子公司对此解释称系因经营业务转型需要，并非裁旧录新。

电子公司向工会作了有关经济性裁员的口头说明；工会发出《对公司经济性裁员通报会的反馈意见》，并指出其存在一些问题；电子公司又向工会作出《关于工会反馈意见的回复》，称其确保此次裁员合法，包括符合程序性要求、裁员名单的拟定不涉及法律法规规定不能裁减的人员、补偿方案高于法律规定等。

电子公司所在地的人力资源和社会保障局出具《收悉证明》，写明收到了电子公司提交的《裁员报告》《被裁减职工花名册》《对公司经济性裁员通报会的反馈意见》《关于工会反馈意见的回复》等。

2018年3月26日，电子公司向张某发出《解除劳动合同通知书》，写明：因公司生产经营出现了严重困难，受此状况影响，依据《中华人民共和国劳动合同法》第四十一条规定，决定自2018年3月26日解除与张某的劳动合同，并告知张某将在其办理工作交接后，支付经济补偿金。2018年3月27日，电子公司向张某支付了解除劳动合同的经济补偿金。

离职后，张某向劳动人事争议仲裁委员会申请仲裁，主张电子公司生产经营未发生严重困难，且经济性裁员程序不合法，要求电子公司支付违法解除劳动合同赔偿金、绩效奖金、岗位津贴。该仲裁委裁决电子公司就与张某违法解除劳动合同之行为支付赔偿金差额，同时，驳回了张某的其他仲裁请求。

电子公司不服裁决，诉至一审法院。一审法院判决：电子公司与张某解除劳动合同符合法律规定，其要求不支付张某违法解除劳动合同赔偿金差额的请求应予支持。张某不服一审判决，提出上诉。二审法院判决：驳回上诉，维持原判。

[法律问题]

如何判断公司经济型裁员是否合法？

[法律分析]

电子公司主张因经营困难而须进行经济性裁员，并提出符合规定的经济性裁员方案之后，电子公司向工会做了有关经济性裁员的口头说明；工会发出反馈意见，并指出其存在的一些问题；电子公司又向工会作出回复，称其确保此次裁员合法，包括符合程序性要求、裁员名单的拟定不涉及法律法规规定不能裁减的人员、补偿方案高于法律规定等。

电子公司所在地的人力资源和社会保障局出具《收悉证明》，写明收到了相关经济性裁员的文件。之后，电子公司正式公布裁减人员方案，与被裁减人员办理解除劳动合同手续，按照有关规定向被裁减职工本人支付经济补偿金，出具裁减人员证明书。

整个过程手续完备、步骤完整，电子公司达到了经济性裁员的全部要求，最终可以进行裁员。

[案例拓展]

符合法定情形需要进行经济性裁员的公司，应当提前30日向工会或全体职工说明情况，听取意见后将裁减人员方案向劳动行政部门报告，且解除合同时须支付经济补偿金。

那么什么情况属于经济性裁员呢？

劳动合同法中的经济性裁员是有严格条件限制的。

首先，仅有四类情况下用人单位可以进行经济性裁员：第一，依照企业破产法规定进行重整的；第二，生产经营发生严重困难的；第三，企业转产、重大技术革新或者经营方式调整，经变更劳动合同后，仍需裁减人员的；第四，其他因劳动合同订立时所依据的客观经济情况发生重大变化，致使劳动合同无法履行的。

其次，裁减人数限制。只有需要裁减人员20人以上或者虽然不足20人但占企业职工总数10%以上的，才属于经济性裁员。偶尔裁减一两个人且不足企业职工总数10%以上的，不属于经济性裁员。

最后，裁减人员范围限制。原则上，用人单位在裁减人员时应当优先留用下列人员：第一，与本单位订立较长期限的固定期限劳动合同的；第二，与本单位订立无固定期限劳动合同的；第三，家庭无其他就业人员，有需要抚养的老人或者未成年人的。本案中，张某不符合上述情形，故电子公司可以将张某作为裁减对象。

普通情况下，用人单位与劳动者解除劳动合同，必须要有法定解除事由，否则构成违法解除，需要向劳动者支付赔偿金。但是在经济性裁员中，用人单位裁减人员并不需要法定解除事由，是一种合法的无条件解除行为。

那么合法进行经济性裁员的步骤是什么呢？

用人单位在进行经济性裁员的时候应当遵循以下几个步骤，以免被法院认定违法解除：

第一，用人单位应当提前30日向工会或全体职工大会说明裁员情况，听取工会和职工意见。

第二，将裁减人员方案向劳动行政部门报告。

第三，如果是因客观情况发生重大变化导致合同无法履行的情形，用人单位还应当先与劳动者协商变更劳动合同。如协商不成，才能解除劳动合同。

第四，向劳动者支付经济补偿金，并在解除后15日内办理解除劳动合同有关手续。

第五，如果用人单位在裁员之后6个月内重新招用人员的，应当通知被裁减的人员，并在同等条件下优先招用被裁减的人员。

第二章

劳动关系

问题1：
公司决定录取后又反悔，是否可以要求赔偿？

[案例]

张某是A市某公司的设计经理。最近，B市某公司在招聘设计总监岗位，张某经过面试后拿到了该公司发出的正式录用通知函，并约定了入职时间。张某为此辞掉了现在的工作，准备去报到。其刚到B市，还未报到，B市公司就通知其公司已撤回录用通知函，原因是该职位已经有更合适的人选。张某大为恼火，向劳动仲裁委提起仲裁，要求B市公司履行与自己的劳动合同。

后经劳动仲裁裁决，B市公司赔偿张某再就业期间的各项损失共计一万余元。

[法律问题]

1. 录用通知函有什么法律效力？

2. 在被录用者报到前，用人单位可以撤回录用通知函吗？

[法律分析]

　　企业发放录用通知函（Offer Letter），其实是一种要约的法律行为，对企业和被录用者双方进行约束。然而，录用通知函本身不是劳动合同。在一般情况下，企业和被录用者双方会另行签订劳动合同。如果两者在条款上产生矛盾，那么劳动合同将取代录用通知函来规范劳动关系当事人。既然录用通知函在被录用者承诺后，对双方都有约束力，那么企业单方面撤销录用，是否具有法律效力？企业为此应该承担什么样的违约责任？这里的关键在于企业解除的究竟是一份合同还是一段劳动关系。由于录用通知函的本质仅是双方各自达成意向，在很多情况下，企业会在条款中仅明确被录用者的入职日期。因此，录用通知函虽然成立了，但是在约定的录用日期之前企业与被录用者的劳动关系还没有形成。那么在此情况下，录用通知函的撤销行为受到《中华人民共和国民法典》的规约，企业构成违约过失责任。如果被录用者证明其因为该撤销行为遭受损失，那么企业就应该对有关损失承担赔偿责任。

　　然而，如果企业在发送录用通知函后，被录用者即履行劳动合同中约定的义务，那么双方实际上就已经形成了劳动关系。企业的撤销行为即为解除劳动关系的法律行为，其行为应该直接受到《中华人民共和国劳动合同法》的规约。用人单位与职工解除劳动关系必须严格依据《中华人民共和国劳动合同法》等法律法规规定，其随意解除劳动关系的行为会因为职工申请仲裁或诉讼而被仲裁委员会或法院撤销。当然，如果职工同意用人单位的单方解除行为，那么用人单位必须按照法定标准向职工承担违约责任。

［案例拓展］

Offer Letter，中文通常被称为聘用意向书、录用通知书、录用通知函。一直以来，很多用人单位都会认为，企业只有和求职者签订劳动合同，才算正式确立劳动关系。在此之前，双方没有法律规定的权利义务关系，因此无须对求职者负责。因此，有些用人单位即使已经给求职者发出了录用通知书，也可能随时取消录用。这种做法无疑会给企业带来劳动用工风险。

用人单位（特别是外企）在招聘职工时，通常会使用到录用通知书，有时又难免需要取消录用通知书。既然录用通知书通常被视为一种要约，那么公司签发的录用通知书一旦被被录用者接受，也就意味着企业开始承担法律风险。

那用人单位如何操作才能减少因录用通知书引起的纠纷呢？

（一）认识录用通知书的法律性质

Offer Letter在法律英语中的含义是"要约"。根据《中华人民共和国民法典》的有关规定，"要约"就是希望和他人订立合同的意思表示。这个意思表示应当内容具体确定，并且受要约人一旦作出了承诺，要约人就要受意思表示的约束。因此，录用通知书一旦发出，就对用人单位产生法律约束力。与此同时，录用通知书的生效与否取决于被录用者。被录用者可以选择接受或不接受录用通知书。如果被录用者选择接受则生效，企业就应承担相应义务；否则，录用通知书不发生效力，企业自然无须承担相应业务。

（二）正确制作和签发录用通知书

通常情形下，录用通知书的格式和内容是用人单位单方决定的。用人单位可以根据自己的需要确定劳动者的岗位、薪酬、福利、培训、发展等方面内容。在具体制作和签发录用通知书的时候，需要注意以下两点：

1.录用通知书应明确被录用者承诺的期限。企业在制作录用通知书时，需要将被录用者回复确认的期限列明。这样做有两个好处：一是做好被录用者的管理，如果被录用者不能按期确认，可以留出重新录用的时间；二是有效防范潜在的法律风险，只要被录用者不能按期确认，公司取消此职位或重新录用就无法律风险。

2.录用通知书应约定合意达成后的有关责任。由于各种可能的原因存在，录用通知书即便达成合意，一方也有可能反悔。在此种情形下，最好是事先约定有关责任。这样一是有利于以后的争议解决，二是有利于双方预估责任承担。当然，即便双方没有约定有关责任，也不会影响一方按照实际损失向相对方请求赔偿。

问题2：
劳动者能反悔与用人单位签订的解除劳动合同协议吗？

[案例]

1994年，丁某入职某啤酒公司从事一线工作。2018年12月初，该啤酒公司因化解过剩产能、促进产业优化，关闭了丁某所在的厂区。经丁某与该啤酒公司协商一致，双方解除劳动合同，并签订《解除劳动合同协议书》。双方签订的《解除劳动合同协议书》就丁某应获得的经济补偿金、未结工资、年终奖金、社会保险和住房公积金缴纳等内容作出了详细约定，并且在协议书中进行了兜底性约定："丁某确认某啤酒公司已经和丁某签订了劳动合同，并且在本协议签署前完全依法履行了用人单位应当履行的全部支付和缴费义务，包括但不限于工资、加班工资、福利费、社会保险费、住房公积金等，丁某和某啤酒公司之间无任何其他劳动争议或民事争议事项。"但丁某称自2007年1月1日至2016年9月30日间，某啤酒公司多次安排丁某延时加班，但从未支付加班工资。

2018年12月中旬，丁某向某啤酒公司住所地的劳动争议仲裁委员会申请仲裁，要求某啤酒公司支付2007年1月1日至2016年9月30日期间延时加班工资。仲裁过程中丁某承认某啤酒公司已经履行了协议约定的支付义务。

2019年3月，劳动争议仲裁委员会作出仲裁裁决，裁决驳回丁某的仲裁请求。劳动争议仲裁委员会认为：丁某与某啤酒公司已就解除及其他相关事宜达成一致意见并签订《解除劳动合同协议书》，该协议系双方真实意思表示，对双方具有约束力。双方解除劳动合同时所做的补偿约定已高于法律规定的标准，协议中约定该款项包括但不限于工资、加班工资、福利费、社会保险费、住房公积金等，不存在无效情形且已经实际履行，丁某作为完全民事行为能力人应知悉并承担签订该协议可能产生的不利后果，该协议亦无显示不公平之情形，故对丁某主张加班工资的请求不予支持。

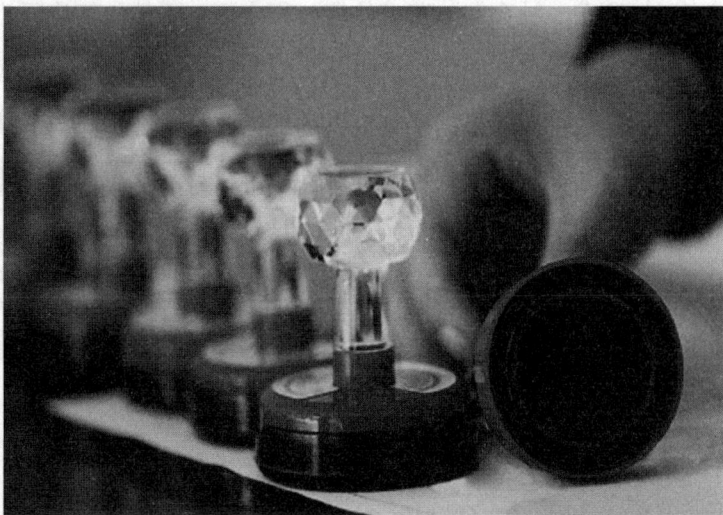

丁某不服提起诉讼，案件审理过程中某啤酒公司辩称，不同意丁某的诉讼请求。丁某在某啤酒公司工作期间，某啤酒公司已经按照法律规定给予丁某相关待遇，某啤酒公司不拖欠丁某任何基于劳动法所享有的

各项待遇。丁某与某啤酒公司签订了《解除劳动合同协议书》，已就加班工资、经济补偿金、年休假补偿金等事项进行了确认。某啤酒公司以超过丁某依法应当获得经济补偿金的数额向丁某支付经济补偿金，且已按照该协议履行了全部给付义务。丁某承认某啤酒公司已经履行了协议约定的给付义务。

一审法院经审理认为，当事人对自己提出的诉讼请求所依据的事实或者反驳对方诉讼请求所依据的事实有责任提供证据加以证明，没有证据或者证据不足以证明当事人的事实主张的，由负有举证责任的当事人承担不利后果。某啤酒公司与丁某就解除劳动合同、工资、社会保险费、住房公积金、年终奖等达成协议，并在协议中约定"丁某确认某啤酒公司已经和丁某依法签订了劳动合同，并且在本协议签署前完全依法履行了用人单位应当履行的全部支付和缴费义务，包括但不限于工资、加班工资、福利费、社会保险费、住房公积金等，丁某和某啤酒公司之间无任何其他劳动争议或民事争议事项"的兜底性条款。上述兜底性条款亦是协议的组成部分。根据丁某提供的证据，某啤酒公司与丁某签订的协议书不违反法律、行政法规的强制性规定，且不存在欺诈、胁迫或者乘人之危之情形，应当认定有效。丁某与某啤酒公司签订协议属于权利自由处分行为，是利弊考量后的结果，若其再就协议中列明的劳动争议事项主张相关权利，有违诚实信用。故丁某要求某啤酒公司支付其延时加班所产生的加班工资的诉讼请求法院不予支持。

[法律问题]

一般情况下，当劳动合同履行过程中出现重大事由或者劳动合同到期的，多数用人单位都会与劳动者就劳动合同解除或者终止签订协议，但用人单位与劳动者签订解除劳动合同的协议时都会在协议的最后使用兜底性条款就劳动者未领取的工资、经济补偿金、年休假工资等事项进行一次性处理。但是，在签订劳动合同解除协议之后，如果劳动者认为解除协议约定的过低要求用人单位支付更多的，这种主张能否获得支持呢？

[**法律分析**]

民事行为应当遵守诚实信用的基本原则。劳动合同解除时，用人单位与劳动者可以就尚未结算的工资、加班工资及各项补偿进行协商后一并作出处理。根据最高人民法院《关于审理劳动争议案件适用法律若干问题的解释（一）》第三十五条的规定：劳动者与用人单位就解除或者终止劳动合同办理相关手续、支付工资报酬、加班费、经济补偿或者赔偿金等达成的协议，不违反法律、行政法规的强制性规定，且不存在欺诈、胁迫或者乘人之危情形的，应当认定有效。前款协议存在重大误解或者显失公平情形，当事人请求撤销的，人民法院应予支持。因此，用人单位与劳动者签订解除劳动合同协议后，是可以反悔不履行的，但是前提是该协议可能存在违反法律规定的情形或者签订协议书时存在欺诈、胁迫等情形。如果不存在这些情形的，则协议就是有效的，必须按照协议的约定履行。另外，如果协议存在重大误解或者显失公平情形的，则协议有效，但是可以向法院请求撤销。所以，用人单位或者劳动者在签订解除协议时一定要全面考虑签订协议是否符合自己的真实意愿，是否公平公正，因为一旦考虑清楚签订了协议，该协议就会发生法律效力。

[案例拓展]

现实中，在用人单位与劳动者签订解除劳动合同的协议之后，不少劳动者会反悔，所以不管是用人单位一方，还是劳动者一方，在签订协议时应当三思而行，认真考虑该协议的内容是否基本上维护了自己的合法权益，全面考虑协议的签订是否符合自己的真实意愿，否则就不要签订，一旦签订后协议发生法律效力，再反悔，劳动者基本上是很难举证认定协议无效或可撤销，任何一方不履行协议上的条款都将承担法律责任。

问题3：
退休后再就业，是否与用人单位构成劳动关系?

[案例]

刘某出生于1960年10月6日。刘某自2011年10月起在某饭店工作，工资按照岗位发放，上下班时间遵守饭店管理规定，未签订劳动合同。2013年1月23日，刘某在下班途中遭遇交通事故去世。之后，刘某的丈夫杨某向劳动人事争议仲裁委员会申请劳动仲裁，要求确认刘某与某饭店存在劳动关系。劳动人事争议仲裁委员会作出不予受理通知书。杨某不服该决定，向法院提起了诉讼，请求确认刘某与某饭店自2011年10月1日起至2013年1月23日存在劳动关系。

[法律问题]

1. 该案中刘某与某饭店是否存在劳动关系?
2. 刘某与某饭店属于事实上的劳动关系吗?

[法律分析]

　　刘某与某饭店不存在劳动关系。劳动关系中劳动者应符合法律、法规规定的主体资格。依据《中华人民共和国劳动合同法实施条例》第二十一条规定：劳动者达到法定退休年龄的，劳动合同终止。另外，当时实施的《最高人民法院关于审理劳动争议案件适用法律若干问题的解释（三）》第七条规定，用人单位与其招用的已经依法享受养老保险待遇或领取退休金的人员发生用工争议，向人民法院提起诉讼的，人民法院应当按劳务关系处理。因此，劳动者达到法定退休年龄后或者依法享有养老保险待遇或领取退休金后，与用人单位之间建立的已不再是劳动法意义上的劳动关系，而是民法意义上的劳务关系。

　　根据法律规定，女工人退休年龄为年满50周岁。刘某于1960年10月6日出生，其2011年10月入职某饭店务工时已年满50周岁，超过法定退休年龄，故不具备劳动法规定的劳动者主体资格，其与用人单位不能建立劳动关系。

　　有人认为，超过退休年龄的人在用人单位的管理下从事劳动工作，用人单位向其支付报酬，虽未订立书面劳动合同，但属于事实上的劳动关系。但若仔细研究相关条文，就不难发现这个观点并不正确，刘某与某饭店不属于事实上的劳动关系。根据《劳动和社会保障部关于确立劳动关系有关事项的通知》第一条规定，用人单位招用劳动者未订立书面劳动合同，但同时具备下列情形的，劳动关系成立：（一）用人单位和劳动者符合法律、法规规定的主体资格；（二）用人单位依法制定的各项劳动规章制度适用于劳动者，劳动者受用人单位的劳动管理，从事用人单位安排的有报酬的劳动；（三）劳动者提供的劳动是用人单位业务的组成部分。因此，本案中，虽然某饭店对刘某支付报酬、实施管理、安排工作，看似符合第（二）（三）项规定的情形，但是由于刘某在入职时就已经超过法定退休年龄，丧失了劳动者的主体资格，不符合第（一）项规定的情形，故刘某与某饭店之间并不形成事实上的劳动关系。

[案例拓展]

企业聘用退休人员的，不构成劳动法意义上的劳动关系，只成立民法意义上的劳务关系。根据劳动部《关于贯彻执行劳动法若干问题的意见》第二条，劳动者事实上已成为企业、个体经济组织的成员，并为其提供有偿劳动的，就认为成立劳动关系，适用劳动法。但已超过法定退休年龄或已享受养老保险待遇的离退休人员被再次聘用时，与用人单位之间的关系为劳务关系。

问题4：
企业之间的"借调"行为，会导致双重
劳动关系吗？

[案例]

　　王某于2017年4月入职某公司，担任采购部副主任。双方签订了期限自2017年4月至2020年4月期间的劳动合同，某公司按月向王某支付劳动报酬，并为其缴纳社会保险和住房公积金。2018年2月，王某被派往该公司的子公司管理采购工作。期间其工资发放主体、社会保险缴纳主体均未发生变化，亦未签订新的劳动合同。2019年1月，王某离职。后王某以要求确认与子公司存在劳动关系，子公司支付其2018年3月至2019年1月期间未签订书面劳动合同二倍工资差额为由申请劳动仲裁。庭审中，王某主张其于2018年2月被派往子公司后，为子公司提供劳动，受子公司管理，与子公司建立了事实上的劳动关系。

　　仲裁委经审理认为，王某与某公司签署了2017年4月至2020年4月期间的劳动合同。2017年4月至2019年1月期间某公司按月向王某支付劳动报酬，并为王某缴纳社会保险和住房公积金，双方在此期间存在劳

动关系。虽然某公司后期存在将王某派往子公司的情形，但该情形发生系某公司的自主用工行为，王某对此并未提出异议，该行为并不导致劳动关系主体的变更。王某与子公司不存在劳动关系，子公司无须支付王某未签订劳动合同二倍工资差额。仲裁委最终裁决驳回了王某的仲裁申请。

[法律问题]

在"借调"行为中如何界定劳动关系？

[法律分析]

鉴于劳动关系具有人身依附属性，通常情况下，劳动者仅能与一家用人单位建立全日制劳动关系。《最高人民法院关于审理劳动争议案件适用法律若干问题的解释（一）》第三十二条规定，企业停薪留职人员、未达到法定退休年龄的内退人员、下岗待岗人员以及企业经营性停产放长假人员，因与新的用人单位发生用工争议，依法向人民法院提起诉讼的，人民法院应当按劳动关系处理。该规定有限放宽了双重劳动关系的认定。

司法实践中，存在大量关联公司之间借调职工的情况。在该种情况下，职工虽然被借调至关联公司，但借调本身即为用人单位对其的工作安排，其工资关系、社保关系均未发生变化，故不宜认定其劳动关系主体发生转移，也不能因此认定双重劳动关系。当然，关联公司之间存在混同用工且无法查明劳动者实际工作情况的，可能会被认定由多家用人单位承担连带责任。本案中，某公司虽然将王某派至子公司工作，但其工资发放、社保和公积金缴纳并未发生变化，且并未侵害王某的权益，故不能仅以借调行为认定劳动关系发生转移。

[案例拓展]

"共享用工"模式践行过程中主要有以下两种形式：

第一种共享用工形式为企业之间签署共享用工协议或者两个企业与职工签署三方协议，职工由原用人单位派至现用工单位。此种模式除与传统"借调"一般发生在关联企业之间不同外，并无其他区别，不认定劳动者与用工单位存在劳动关系。但鉴于用工单位可能会存在为劳动者计算工作量，考评劳动者工作业绩等实际管理，为保障劳动者合法权益，故如果发生劳动争议，用人单位与用工单位均应当作为当事人参加诉讼，关于用工责任的承担优先遵循三方协议的约定，如无三方协议或三方协议中没有约定，仅认定存在劳动关系的用人单位承担责任可能损害劳动者实际利益的情况下，也会认定实际用工单位承担连带责任。

第二种共享用工形式为用工企业直接在相关平台上招募因疫情无法复工的劳动者，签署相关用工协议。在此种模式下，对于用工企业与劳动者之间的关系认定，司法实践中综合考量招聘通知内容、用工协议内容、双方权利义务约定，同时考虑双方是否存在人身隶属关系及关系的稳定性来综合判定双方之间系劳动关系抑或劳务关系。这里建议用人单位在"共享用工"时采用企业合作的方式，与用工单位、劳动者三方就权利义务进行详细约定，共同维护劳动关系的稳定性。

问题5：
公司可以延长或缩短试用期吗？

[案例一]

刘某于2015年6月2日入职了某集团公司，双方签订的劳动合同约定试用期自2015年6月2日起至2015年9月30日止。刘某入职两个月内表现优异，工作成绩显著，经刘某所在部门建议，集团人力资源部决定缩短刘某的试用期并即刻办理转正。但是，令集团人力资源部感到诧异的是，刘某明确反对。其理由是：集团提前办理转正的行为等于剥夺了他在试用期内提前3日通知单位即可解除劳动合同的辞职权。

与刘某同日入职的王某显然没有刘某幸运。王某与集团公司签订的劳动合同关于试用期的约定均与刘某相同。2015年9月下旬，经集团人力资源部考核认为王某虽然工作踏实，能勤勤恳恳地完成部门交办的工作，但并不完全符合公司的要求。因此，与王某协商延长试用期3个月，即试用期延长至2015年12月31日止。当然，王某明确反对集团公司延长试用期的做法。

[案例二]

　　张某于2014年1月入职某证券公司工作，双方签订了1份3年期的劳动合同，合同中明确约定了工作岗位、职责要求等基本录用条件，且约定了试用期为3个月。在试用期期间，张某因帮助客户操作证券买卖不当遭到客户的投诉。试用期满前一周，公司对张某进行了试用期考评，成绩为不合格。公司向张某提出两种解决方案：一是公司以张某试用期内不符合录用条件为由解除双方劳动合同；二是张某的试用期延长3个月，以便继续考察其工作能力。张某为保住这份工作，同意了公司延长试用期的方案，于是，双方在劳动合同中注明"试用期延长3个月"的字样并签名、盖章予以确认。

　　延长的3个月试用期中，张某的工作成绩仍然未见任何起色。公司在6个月试用期满前对张某又进行了一次考评，考评结果显示张某仍未能达到该工作岗位的基本任职要求。于是，公司在张某试用期满当天向其送达了1份书面通知，告知张某：公司以其在试用期内被证明不符合录用条件为由解除双方的劳动合同。张某对公司的处理决定感到不满，认为公司解除理由不能成立，双方因此产生争议。

　　张某认为，按照《中华人民共和国劳动合同法》规定，同一用人单位与同一劳动者仅能约定一次试用期，公司在与其签订劳动合同时已明确约定了3个月的试用期，故此时公司要求与其延长试用期的行为应视为第二次约定试用期。因此，公司与其第二次试用期的约定违反了法律规定，属无效约定。故公司在6个月后仍以试用期内不符合录用条件为由解除双方的劳动合同，理由也不能成立。公司认为，双方劳动合同约定的期限为3年。根据法律规定，双方最长可以约定的试用期为6个月，双方虽在签订合同时先约定了3个月的试用期，但公司在试用期满前即与张某协商一致延长试用期，此时应视为双方对劳动合同内容的协商进行变更，并不属于再次约定试用期，且双方约定的6个月试用期并不违反法律的强制性规定，应属有效。公司经过客观考评后确定张某不符合录用条件，故认为公司解除劳动合同的决定并无不当。

[法律问题]

公司可以延长或缩短试用期吗？

[法律分析一]

根据《中华人民共和国劳动合同法》第十九条规定：劳动合同期限三个月以上不满一年的，试用期不得超过一个月；劳动合同期限一年以上不满三年的，试用期不得超过二个月；三年以上固定期限和无固定期限的劳动合同，试用期不得超过六个月。同一用人单位与同一劳动者只能约定一次试用期。

一般来说，缩短职工的试用期，从企业角度分析，这是给予职工的利益，比如职工可及时享受转正后的待遇、无须再受试用期录用条件的约束或限制等，但这仅仅是企业的一厢情愿。试用期属于企业与劳动者的双向考核期，职工提前3日通知企业即可解除双方劳动合同（《中华人民共和国劳动合同法》第三十七条）。但转正后，除非遇有法定情形（参见《中华人民共和国劳动合同法》第三十八条），否则，职工应当提前30日书面通知企业方可解除劳动合同。因此，企业单方缩短职工试用期，其实质是剥夺或限制了职工在试用期内提前3日通知即可解除劳动合同的权利，即使实践中试用期职工拒绝提前转正的情况很少见。况且，试用期作为劳动合同的约定条款，亦须双方协商一致方可变更（《中华人民共和国劳动合同法》第三十五条）。

因此，本案中，集团公司单方缩短刘某试用期的行为，应当认定为违法。同理，如企业单方延长职工试用期的话，亦属于违法。不过实践中，大多数企业试用期和转正后的各项福利待遇有所不同，通常职工也觉得企业让自己提前转正是对自己的认可，双方也就互相这样执行了。

试用期约定后能否延长，主要看首次约定的试用期是否合法以及延长试用期的方式。若首次约定的试用期期限已达到法定最高期限时，该试用期当然不可延长；若首次约定的试用期期限未超过法定最高期限时，该试用期可以在期满前经双方协商一致延长。

[法律分析二]

本案中，公司与职工的劳动合同期限为3年，试用期法定最高期限为6个月，而公司与职工首次约定的试用期为3个月，在该试用期期满前公司与职工协商一致将试用期延长3个月，即将原试用期由3个月变更为6个月，双方签名、盖章确认，该协商变更行为合法有效。因本次试用期延长属于对劳动合同内容的变更，不属于第二次约定试用期的行为。

因此，仲裁委认为，双方协商一致延长试用期的变更行为合法有效，公司依据客观考评后确定张某不符合录用条件，且录用条件已在劳动合同中明确告知，故公司以张某在试用期内被证明不符合录用条件为由作出解除劳动合同的处理决定并无不妥，张某的诉求不能得到支持。

[案例拓展]

试用期属于劳动合同内容之一，劳动合同签订后经双方协商一致可以变更劳动合同内容，即可延长试用期，但具体操作时应注意以下七点：

（1）首次约定的试用期未超过法定最高期限。

（2）延长后的试用期亦未超过法定最高期限。

（3）双方应在首次试用期期满前延长。

（4）延长试用期应当由双方协商一致，书面确认；即使劳动者在试用期内请假，用人单位也不得单方顺延试用期。

（5）试用期内请假顺延的，顺延时间应当和请假时间一致。比如，劳动者请假1个月，顺延的时间不得超过1个月。

（6）顺延时间与试用期的时间要前后相连。如果试用期结束后，过了一段时间，用人单位再提出顺延试用期，这种做法也不应予以支持。

（7）用人单位不得滥用试用期顺延。由于劳动者请假的原因导致用人单位不能行使观察权和考核权的，用人单位可以约定顺延；但是，由于用人单位放假、停产的原因导致用人单位不能行使观察权和考核权的，用人单位不得以此为由约定顺延。

　　根据《中华人民共和国劳动合同法》相关规定，试用期间劳动者的工资报酬、解除合同标准等与转正后均可以有所区别，故企业对于本单位职工的劳动合同期限及试用期期限应根据不同岗位的实际需要合理设定。同时，如需变更试用期内双方约定的相关权利义务，必须确保在试用期届满前进行协商，并在达成一致意见后再执行。

　　与公司签订劳动合同的时候，关于试用期的条款还应该注意两点。

　　第一点，劳动合同上只约定了试用期而没有约定整个合同期，这样的合同是不符合法律规定的。根据《中华人民共和国劳动合同法》第十九条的第四款规定，试用期包含在劳动合同期限内。劳动合同仅约定试用期的，试用期不成立，该期限为劳动合同期限。在这种情况下，应要求用人单位在劳动合同中补充劳动合同期限条款，再签订劳动合同。

　　第二点，劳动者在签订书面的劳动合同之际，还要注意试用期的期限约定是否符合法律要求。如果约定的试用期超过了法律规定，则该合同条款也是无效的。

问题6：
公司在试用期内是否可以随意解除劳动合同？

[案例]

某公司招聘张某为某地区的区域市场总监，并与之签订5年期的劳动合同，试用期为6个月。但张某入职3个月后销售业绩远远未达到公司要求，公司即以张某不符合录用条件为由解除与张某的劳动合同。张某不服而申请仲裁，后双方诉至法院。

庭审中，公司主张张某入职3个月一直没有完成公司要求的销售任务，经考核确定张某不能胜任这份工作，按公司规定属于不符合录用条件，因此公司解除双方之间的劳动合同并无违法之处。

经法院查明，双方签订的劳动合同中约定了张某的业绩指标，且张某3个月的实际业绩未达到双方约定的业绩指标。不过公司解除劳动合同的理由系张某"不能胜任工作"而不符合录用条件，故法院最终判决公司存在违法解除劳动合同的情形。

［法律问题］

"不能胜任工作"和"不符合录用条件"是否一样?

［法律分析］

实践中,有不少用人单位认为职工在试用期内不能胜任工作,用人单位就完全可以以该职工不符合录用条件为由而随时书面通知其解除劳动合同,且无须支付经济补偿金。但可以明确的是,一旦用人单位如此操作,则属于违法解除劳动合同。

"不能胜任工作"和"不符合录用条件"是《中华人民共和国劳动合同法》明确规定的两种不同的情形,绝不能混同。以"不符合录用条件"解除职工的劳动合同,根据的是《中华人民共和国劳动法》第二十五条第(一)项的规定,必须是在试用期,不需要支付经济补偿金;按《中华人民共和国劳动合同法》规定,对于试用期职工经考核不胜任工作的,根据的是《中华人民共和国劳动法》第二十六条第(二)项,用人单位应当先行调整岗位或者培训。在调整岗位或者培训之后仍不能胜任工作的,方可以提前30日书面通知解除与试用期职工的劳动合同,并且亦须按规定支付经济补偿金。如果职工在试用期内被证明不符合录用条件,则用人单位可随时书面通知解除劳动合同且无须支付经济补偿金,当然,用人单位须事先向职工书面说明理由等。

因此,将"胜任工作与否"作为试用期录用条件的做法绝不可取。这种做法与《中华人民共和国劳动合同法》第四十条规定相悖,且剥夺了职工享受经济补偿金的法定权利。

[案例拓展]

　　试用期是公司跟职工之间相互选择的考察期。既然是相互选择，就应当在签订劳动合同的时候，事先约定一个客观的"岗位的转正标准"或者是《试用期目标责任书》，而且双方应该对这个转正标准进行书面确认。

　　法律从未赋予过公司在试用期内无条件（随意）解聘职工的特权。只有客观的工作数据能够证明职工不符合合同约定的录用标准，公司才能在试用期内解聘职工。因此，用人单位应该特别注意保留和收集与职工能力有关的工作数据。如果公司的人力资源部门和主管人员随意以主观标准解聘职工，则属于违法解除劳动合同，需要承担相应后果。

　　试用期的解聘同样需要书面的通知，办理相关的手续。职工可以向公司人力资源部门领导和所属部门的分管领导反映上述情况并提交自己在试用期内的业绩报告，申请正常转正，获得转正后的福利待遇。主张自己的合法权益之时，也建议职工多多反思自己，在合理申诉的同时，如果发现与主管之间确有不必要的误会，也建议主动沟通、尽量化解，后续工作当更加注意、加倍努力。

问题7：
试用期能否享受医保待遇?

[案例]

赵某参加工作4年后被某工厂录用。双方签订了为期3年的劳动合同，约定试用期为3个月，待赵某转正成为正式职工后再为其办理各种社会保险。赵某在试用期还没有结束时患病住院，经医院诊治1个月仍未痊愈。住院期间，该工厂停发了赵某的全部工资，并以他在试用期内不适应工作、不符合录用条件为由解除劳动合同。赵某不服，遂向当地劳动争议仲裁委员会申请仲裁，请求该工厂收回解除劳动合同的决定，继续履行合同，并享受医疗期病假及相关的医疗保险待遇。

[法律问题]

职工在试用期内是否能够享受医保待遇?

[法律分析]

在与职工的劳动关系存续期间，企业有义务按照法律、法规规定为职工缴纳包括医疗保险在内的社会保险，而不论职工是否在试用期内。

《中华人民共和国劳动合同法》第二十一条规定："在试用期中，除劳动者有本法第三十九条和第四十条第一项、第二项规定的情形外，用人单位不得解除劳动合同。用人单位在试用期解除劳动合同的，应当向劳动者说明理由。"

《中华人民共和国劳动合同法》第四十二条规定："劳动者有下列情形之一的，用人单位不得依照本法第四十条、第四十一条的规定解除劳动合同。（一）从事接触职业病危害作业的劳动者未进行离岗前职业健康检查，或者疑似职业病病人在诊断或者医学观察期间的；（二）在本单位患职业病或者因工负伤并被确认丧失或者部分丧失劳动能力的；（三）患病或者非因工负伤，在规定的医疗期内的；（四）女职工在孕期、产期、哺乳期的；（五）在本单位连续工作满十五年，且距法定退休年龄不足五年的；（六）法律、行政法规规定的其他情形。"

《中华人民共和国劳动合同法》第三十九条规定："劳动者有下列情形之一的，用人单位可以解除劳动合同：（一）在试用期间被证明不符合录用条件的；（二）严重违反用人单位的规章制度的；（三）严重失职，营私舞弊，给用人单位造成重大损害的；（四）劳动者同时与其他用人单位建立劳动关系，对完成本单位的工作任务造成严重影响，或者经用人单位提出，拒不改正的；（五）因本法第二十六条第一款第一项规定的情形致使劳动合同无效的；（六）被依法追究刑事责任的。"

依据上述3条法律规定，结合本案例，该工厂停发了赵某的全部工资，并以他在试用期内不适应工作、不符合录用条件为由解除劳动合同，从现有材料无法判断赵某是否不符合该工厂的录用条件。如果有证据证明赵某在试用期内确实不符合该工厂的录用条件，即使赵某是在医疗期内，该工厂按照《中华人民共和国劳动合同法》第三十九条规定可以合法解除赵某的劳动合同，并可以不予支付经济补偿金。如果没有证据证明赵某在试用期内不符合该工厂的录用条件，即使赵某不在医疗期，该工厂依然无法按照《中华人民共和国劳动合同法》第三十九条规定解除赵某的劳动合同。该工厂违法解除赵某的劳动合同，赵某不服，遂向当地劳动争议仲裁委员会申请仲裁，请求该工厂收回解除劳动合同的决定，继续履行合同，是能够得到支持的。

《中华人民共和国劳动合同法》第七条规定："用人单位自用工之日起即与劳动者建立劳动关系。"第十条规定："建立劳动关系，应当订立书面劳动合同。"第十七条规定："劳动合同应当具备以下条款：……（七）社会保险……"本案中，赵某到该工厂上班第一天起就与该工厂建立了劳动关系，这也就意味着应当签订劳动合同。社会保险是劳动合同的必备条款，是国家强制用人单位给职工缴纳的。医疗保险是为补偿劳动者因疾病风险造成的经济损失而建立的一项社会保险制度。通过用人单位和个人缴费，建立医疗保险基金，参保人员看病就诊产生医疗费用后，由医疗保险经办机构给予一定的经济补偿，以避免或减轻劳动者因患病、治疗等所带来的经济风险。

1998年12月，国务院发布了《关于建立城镇职工基本医疗保险制度的决定》（国发〔1998〕44号），要求在全国范围内建立以城镇职工基本医疗保险制度为核心的多层次的医疗保险体系。城镇所有用人单位，包括企业（国有企业、集体企业、外商投资企业、私营企业等）、机关、事业单位、社会团体、民办非企业单位及其职工，都要参加基本医疗保险。

因此，在与赵某的劳动关系存续期间，该工厂有义务按照法律、法规规定为赵某缴纳包括医疗保险在内的社会保险，而不论其是否在试用期内。

劳动部1994年发布的《企业职工患病或非因工负伤医疗期规定》第三条对医疗期主要有以下几条规定："企业职工因患病或非因工负伤，需要停止工作医疗时，根据本人实际参加工作年限和在本单位工作年限，给予3个月到24个月的医疗期：（1）实际工作年限10年以下的，在本单位工作年限5年以下的为3个月；5年以上的为6个月。（2）实际工作年限10年以上的，在本单位工作年限5年以下的为6个月；5年以上10年以下的为9个月；10年以上15年以下的为12个月；15年以上20年以下的为18个月；20年以上的为24个月。""企业职工在医疗期内，其病假工资、疾病救济费和医疗待遇按照有关规定执行。"

根据以上规定，赵某已工作4年，入职该工厂处于试用期，医疗期应有3个月。赵某在试用期还没有结束时患病住院，经医院诊治1个月仍未痊愈，只要未超过3个月医疗期，该工厂不得解除其劳动合同。住院期间，该工厂停发了赵某的全部工资，违反了劳动法规定，因此该工厂应按照规定发放赵某在医疗期间的病假工资。

[案例拓展]

实习期和试用期是一样的吗？

实习期与试用期是两个不同的概念，二者的区别如下：

劳动者在试用期间被证明不符合录用条件，用人单位可以解除劳动合同，但法律并没有赋予用人单位在实习期以不符合录用条件解除劳动合同的权利。

　　实习期是对应届毕业生进行业务适应及考核的一种制度。严格说来，它并不是劳动合同制度下的概念，而是行政事业单位人事制度下的做法。在实行劳动合同制度后，实习期并没有被废除，而是与试用期共同存在，这在一些国有企业仍是很常见的现象。在实际操作中，有的用人单位就很容易忽视两者的区别。比如在试用期，发现不符合录用条件，用人单位解除劳动合同是没有任何问题的，而且不需要支付经济补偿金；但如果是在所谓的实习期，即使不符合录用条件，用人单位也是不能轻易解除劳动合同的。

问题8：
实习期受伤算不算工伤?

[案例]

王某系A市交通学校2011级学生。2013年9月，经学校推荐，他到A市某汽运分公司参加汽车维修实习。2013年12月26日下午，王某在实习单位上班时，被驾驶员何某倒车时撞伤，随即被送往医院救治。2013年12月30日，A市人力资源和社会保障局认定王某受伤属工伤性质。2014年7月27日，A市劳动能力鉴定委员会确认王某的伤残等级为七级。

2014年9月23日，王某以工伤待遇争议为由，向A市劳动争议仲裁委员会申请劳动仲裁。A市劳动争议仲裁委员会以双方未形成劳动关系、该争议不属于劳动争议为由决定不予受理。2014年11月4日，王某向法院起诉，请求判令实习单位、驾驶员何某及学校连带赔偿其医疗费、残疾赔偿金、精神抚慰金等共计71417.40元。

法庭辩论中，三被告均称不应承担责任。

在庭审中，实习单位辩称，本公司对于王某的受伤没有过错。司机何某倒车符合操作规范，王某受伤是因其违反作业规则，横穿试车跑道所致，其对损害的发生有重大过失，应自行承担损害后果。王某主张的医疗费、精神抚慰金等缺乏法律依据，应予驳回。而王某所在的交通学校未尽到实习教学过程中的组织、管理义务，应就王某的损害承担相应的赔偿责任。交通学校认为，学校与王某之间存在教育合同关系，而本案系侵权诉讼，交通学校并非侵权行为人，故学校并非赔偿义务人。而驾驶员何某认为，自己作为汽运公司的职工，是在执行职务过程中造成王某的人身损害，对损害发生并无过错，不应承担责任。

法院经审理认为，王某系交通学校的在校学生，基于学校的安排到汽运分公司实习，是其学校课堂教学内容的延伸。王某与汽运分公司之间无劳动关系，也未建立实质意义上劳动者与用人单位之间的身份隶属关系，双方的权利义务不受劳动法的调整。王某在实习单位虽然是因实习受伤，但不能享受工伤待遇，其所受损害应按一般民事侵权纠纷处理。因此，法院依照《中华人民共和国民法典》的有关规定作出判决，汽运公司向王某偿付人身损害赔偿金共计32762.81元。

[法律问题]

1. 实习生与实习单位是否形成事实上的劳动关系？

2. 实习生在实习过程中受伤能否享受工伤保险待遇？

3. 实习生在实习过程中受伤应该如何适用法律？

[法律分析]

实习生不是《中华人民共和国劳动法》意义上的劳动者，他们和用人单位之间也没有建立事实上的劳动关系。

如果实习生在实习单位实习过程中受伤，不享受工伤保险待遇。依据《工伤保险条例》第三十条"职工因工作遭受事故伤害或者患职业病进行治疗，享受工伤医疗待遇"的规定，只有遭受工伤事故范围的职工，才能向用人单位提出工伤损害的赔偿请求。在校学生与实习单位之间建立的不是劳动关系，实习生的身份仍是学生，不是劳动者，因此不具备工伤保险赔偿的主体资格，在实习过程中不享受工伤保险待遇。

该类案件不属于受《中华人民共和国劳动法》调整的劳动争议纠纷，应属于受《中华人民共和国民法典》调整的一般的民事侵权纠纷。

[案例拓展]

每年都有大量在校的大学生，大、中专生，职业技校的学生到相关单位实习锻炼，实习生在实习单位实习过程中发生人身伤亡的事件也时有发生。那么，这些受伤的学生如何请求赔偿？此类案件的争议焦点在于，学生所在的学校与所实习的企业是否应当为学生的损害承担责任。学校通过与实习单位签订实习协议将学生实践教学的场所转移到了实习单位，而学校与学生之间的教育管理关系的性质并没有因此而发生变化。学生于实习单位实习期间，其实习的内容是课堂教学的延伸，学生参加实习是为了积累实践经验，其在实习期间的身份仍然是学生，并不属于劳动者。虽然实习单位发给实习生一定的费用，但是这种费用并非工资报酬，而是一种带有补偿性质的报酬。实习单位为实习生提供实习场所，与实习生并未建立实质意义上的劳动者和用人单位之间的身份隶属关系。所以，实习生与实习单位之间不存在劳动关系，不能适用《中华人民共和国劳动合同法》的规定，无法通过工伤赔偿制度获得赔偿。

看了就能懂的
法律常识
劳动纠纷

KANLE JIU NENG DONG DE
FALU CHANGSHI
LAODONG JIUFEN

由于学生接受学校的安排去实习，所以实习单位与学生之间也不属于一般意义上的雇佣关系，不能按照雇佣关系来获得人身损害赔偿。所以，实习生在实习期间受伤的，应当按照一般的民事侵权纠纷来获得赔偿，适用《中华人民共和国民法典》和有关人身损害赔偿司法解释的相关规定来处理。实习生应该收集好医院诊断证明、学校推荐到实习单位实习的介绍信，以及各种费用的收据发票，按民事侵权纠纷案件提起诉讼进行维权。

第三章
劳动安全和劳动保护

⚖ **问题1：**
公司未达到安全生产标准，职工可以解除劳动
合同并要求经济补偿吗？

[案例]

赵某自2008年11月起入职某制衣公司。2017年10月16日，有关部门下发了对制衣公司重大火灾隐患挂牌督办的通知，认为其车间内未按规定设置自动喷水灭火系统、火灾自动报警系统、机械排烟系统等，存在火灾隐患，责令其于2018年3月31日前整改完毕。2017年12月18日，赵某离厂。2018年1月8日，制衣公司拟定《解除劳动合同协议》，赵某因对补偿数额不予认可而未在该协议上签字。

2018年1月11日，赵某以制衣公司因厂房不合格，制衣公司要求与赵某解除劳动合同为由，向劳动争议仲裁委员会申请仲裁，要求制衣公司支付经济补偿金。劳动争议仲裁委员会支持了赵某的请求。制衣公司不服仲裁裁决，向人民法院提起诉讼。庭审中，制衣公司承认其无法在规定时间内整改完毕，但赵某是主动要求解除劳动合同的，此情况下不应支付经济补偿金。一审、二审人民法院均未支持制衣公司的诉求。

[法律问题]

赵某可以解除劳动合同并要求经济补偿吗？

[法律分析]

制衣公司因车间存在火灾隐患，被有关部门责令整改。制衣公司承认其无法在规定时间内整改完毕。这种情况下，赵某以制衣公司未能提供符合安全生产的劳动条件为由要求解除劳动关系并支付经济补偿金，符合法律规定。

[案例拓展]

安全生产关系到劳动者的人身健康权利，生产经营单位必须遵守有关安全生产的法律、法规，加强安全生产管理，建立健全安全生产责任制和安全生产规章制度，改善安全生产条件，推进安全生产标准化建设，提高安全生产水平，确保安全生产。

首先，用人单位自身应严格标准，设立规章制度。根据《中华人民共和国安全生产法》（2021年修正）第四条规定：生产经营单位必须遵守本法和其他有关安全生产的法律、法规，加强安全生产管理，建立健全全员安全生产责任制和安全生产规章制度，加大对安全生产资金、物资、技术、人员的投入保障力度，改善安全生产条件，加强安全生产标准化、信息化建设，构建安全风险分级管控和隐患排查治理双重预防机制，健全风险防范化生产机制，提高安全生产水平，确保安全生产。

《中华人民共和国安全生产法》第二十一条规定，生产经营单位的主要负责人对本单位安全生产工作负有下列职责：（一）建立健全并落实本单位安全生产责任制，加强安全生产标准化建设；（二）组织制定并实施本单位安全生产规章制度和操作规程；（三）组织制定并实施本单位安全生产教育和培训计划；（四）保证本单位安全生产投入的有效实施；（五）组织建立并落实安全风险分级管控和隐患排查治理双重预防机制，督促、检查本单位的安全生产工作，及时消除生产安全隐患；（六）组织制定并实施本单位的生产安全事故应急救援预案；（七）及时、如实报告生产安全事故。

《中华人民共和国安全生产法》第九十四条规定：生产经营单位的主要负责人未履行本法规定的安全生产管理职责的，责令限期改正，处二万元以上五万元以下的罚款；逾期未改正的，处五万元以上十万元以下的罚款，责令生产经营单位停产停业整顿。

生产经营单位的主要负责人有前款违法行为，导致发生生产安全事故的，给予撤职处分；构成犯罪的，依照刑法有关规定追究刑事责任。

生产经营单位的主要负责人依照前款规定受刑事处罚或者撤职处分的，自刑罚执行完毕或者受处分之日起，五年内不得担任任何生产经营单位的主要负责人；对重大、特别重大生产安全事故负有责任的，终身不得担任本行业生产经营单位的主要负责人。

其次，用人单位应当明确责任，严格考核。根据《中华人民共和国安全生产法》第二十二条规定：生产经营单位的全员安全生产责任制应当明确各岗位的责任人员、责任范围和考核标准等内容。生产经营单位应当建立相应的机制，加强对全员安全生产责任制落实情况的监督考核，保证安全生产责任制的落实。

《中华人民共和国安全生产法》第二十四条规定，矿山、金属冶炼、建筑施工、运输单位和危险物品的生产、经营、储存、装卸单位，应当设置安全生产管理机构或者配备专职安全生产管理人员。

前款规定以外的其他生产经营单位，从业人员超过一百人的，应当设置安全生产管理机构或者配备专职安全生产管理人员；从业人员在一百人以下的，应当配备专职或者兼职的安全生产管理人员。

最后，用人单位的安全设备需符合标准，根据《中华人民共和国安全生产法》（2021年修正）第二十九条规定：生产经营单位采用新工艺、新技术、新材料或者使用新设备，必须了解、掌握其安全技术特性，采取有效的安全防护措施，并对从业人员进行专门的安全生产教育和培训。

《中华人民共和国安全生产法》第三十六条规定：安全设备的设计、制造、安装、使用、检测、维修、改造和报废，应当符合国家标准或者行业标准。

生产经营单位必须对安全设备进行经常性维护、保养，并定期检测，保证正常运转。维护、保养、检测应当作好记录，并由有关人员签字。

生产经营单位不得关闭、破坏直接关系生产安全的监控、报警、防护、救生设备、设施，或者篡改、隐瞒、销毁其相关数据信息。

餐饮等行业的生产经营单位使用燃气的，应当安装可燃气体报警装置，并保障其正常使用。

看了就能懂的
法律常识
劳动纠纷
KANLE JIU NENG DONG DE
FALU CHANGSHI
LAODONG JIUFEN

问题2：
职工就职前未进行职业病检查，后患有职业病是否可以认定为工伤？

[案例]

范某自2010年4月起在某煤业公司从事井下掘进、维护工作，入职前未进行职业病检查。2017年6月19日，该地劳动争议仲裁委员会作出劳动仲裁裁决书，认定范某与煤业公司自2010年4月起存在劳动关系。2018年4月12日，省职业病防治院出具《职业病诊断证明书》，诊断范某为职业性煤工尘肺三期，肺功能轻度损伤。2018年6月3日，范某向该地人力资源和社会保障局提出工伤认定申请，并于2019年1月6日被认定为工伤。

煤业公司不服，认为自2010年4月至2016年4月因大雨导致矿井被淹及政府要求煤矿停工等原因，范某累计在煤业公司工作时间不足半年，且从事的不是采掘工作，而是巷道维修和保养，不可能导致尘肺。因此，煤业公司申请撤销《认定工伤决定书》，一审、二审人民法院均未支持其诉求。

[法律问题]

范某所患职业病是否可以认定为在煤业公司工作所遭受的工伤？

[法律分析]

本案中，各方当事人对范某被诊断为职业病的事实无异议，争议的焦点为范某所患职业病是否是其在煤业公司工作所导致的。法律规定对从事接触职业病危害作业的劳动者，用人单位应当按照国务院卫生行政部门的规定组织上岗前、在岗期间和离岗时的职业健康检查，并将检查结果书面告知劳动者。煤业公司未在范某上岗前对其进行职业健康检查，因此无法排除范某所患职业病与其在煤业公司工作之间的因果关系，且从事巷道维修和保养亦有导致职业病的风险，故煤业公司的主张无法得到人民法院的支持。

［案例拓展］

首先，用人单位应对劳动者履行应尽义务。《中华人民共和国职业病防治法》第三十三条规定：用人单位与劳动者订立劳动合同（含聘用合同，下同）时，应当将工作过程中可能产生的职业病危害及其后果、职业病防护措施和待遇等如实告知劳动者，并在劳动合同中写明，不得隐瞒或者欺骗。

劳动者在已订立劳动合同期间因工作岗位或者工作内容变更，从事与所订立劳动合同中未告知的存在职业病危害的作业时，用人单位应当依照前款规定，向劳动者履行如实告知的义务，并协商变更原劳动合同相关条款。

用人单位违反前两款规定的，劳动者有权拒绝从事存在职业病危害的作业，用人单位不得因此解除与劳动者所订立的劳动合同。

其次，用人单位应当对劳动者做好培训。《中华人民共和国职业病防治法》第三十四条规定：用人单位的主要负责人和职业卫生管理人员应当接受职业卫生培训，遵守职业病防治法律、法规，依法组织本单位的职业病防治工作。

用人单位应当对劳动者进行上岗前的职业卫生培训和在岗期间的定期职业卫生培训，普及职业卫生知识，督促劳动者遵守职业病防治法律、法规、规章和操作规程，指导劳动者正确使用职业病防护设备和个人使用的职业病防护用品。

劳动者应当学习和掌握相关的职业卫生知识，增强职业病防范意识，遵守职业病防治法律法规、规章和操作规程，正确使用、维护职业病防护设备和个人使用的职业病防护用品，发现职业病危害事故隐患应当及时报告。

劳动者不履行前款规定义务的，用人单位应当对其进行教育。

最后，用人单位应当对劳动者定期进行职业病检查。根据《中华人民共和国职业病防治法》第三十五条规定：对从事接触职业病危害的作业的劳动者，用人单位应当按照国务院卫生行政部门的规定组织上岗前、在岗期间和离岗时的职业健康检查，并将检查结果书面告知劳动者。职业健康检查费用由用人单位承担。

用人单位不得安排未经上岗前职业健康检查的劳动者从事接触职业病危害的作业；不得安排有职业禁忌的劳动者从事其所禁忌的作业；对在职业健康检查中发现有与所从事的职业相关的健康损害的劳动者，应当调离原工作岗位，并妥善安置；对未进行离岗前职业健康检查的劳动者不得解除或者终止与其订立的劳动合同。

职业健康检查应当由取得《医疗机构执业许可证》的医疗卫生机构承担。卫生行政部门应当加强对职业健康检查工作的规范管理，具体管理办法由国务院卫生行政部门制定。

《中华人民共和国职业病防治法》第三十六条规定：用人单位应当为劳动者建立职业健康监护档案，并按照规定的期限妥善保存。

职业健康监护档案应当包括劳动者的职业史、职业病危害接触史、职业健康检查结果和职业病诊疗等有关个人健康资料。

劳动者离开用人单位时，有权索取本人职业健康监护档案复印件，用人单位应当如实、无偿提供，并在所提供的复印件上签章。

问题3:
只有在特定工作场所受的伤才是工伤?

[案例]

刘某系某公司驾驶员,2016年1月11日在参加公司组织的节前安全教育学习后,走出会议室大门时被门槛绊倒摔成重伤。刘某于2016年2月25日向某区劳动保障行政部门提请工伤性质认定。区劳动保障行政部门认为,刘某虽然是在工作时间内因工受伤,但不是在工作场所发生的,工作场所也没有不安全的因素,因此认定刘某的受伤不属工伤。刘某对此决定不服,依法向上级劳动保障行政部门申请行政复议。上级劳动保障行政部门复议变更了区劳动保障行政部门的决定。

有关各方对刘某是在工作时间内因工遭受的意外伤害均无争议,争议焦点主要是刘某的受伤是否发生在工作场所内。

刘某认为:他是在上班时间、在公司内参加公司组织的集体安全学习时发生的意外伤害,完全构成认定工伤的要件。况且他所受之伤,没有《工伤保险条例》第十六条所指的情形,纯属意外发生的,符合《工伤保险条例》第十四条第(一)项规定,应认定为工伤。

区劳动保障行政部门认为：适用《工伤保险条例》第十四条第（一）项规定认定工伤，应满足工作时间、工作场所内、工作原因三个基本条件，缺一不可。刘某是驾驶员，是在上班时间参加公司组织的安全学习后发生的意外伤害，不是在其所从事的驾驶工作区域内遭受的伤害，其情形不适合《工伤保险条例》第十四条第（一）项规定，不能认定为工伤。

[**法律问题**]

1. 什么是工伤？

2. 工伤认定中如何界定工作场所？

[**法律分析**]

工伤是职工因工遭受的事故伤害和患职业病的总称。事故伤害又包括本人有责任的事故、本人无责任的事故和意外事故等。本案中，刘某所遭受的属于意外事故，即人们难以预料的事故，或者事先预料不会发生事故，但结果却发生了事故的情形。

《工伤保险条例》第十四条第（一）项规定，在工作时间和工作场所内，因工作原因受到事故伤害的，应当认定为工伤。"工作场所"是一个动态的概念。每个职工通常都有一个主要的工作场所，如机关工作人员的办公室、生产工人所在的车间、营业员的柜台，等等。但由于工作的多样性，人们工作时间的活动区域并不限于主要的工作场所，往往还有若干次要的工作场所或临时的工作场所。如机关工作人员参加会议，会场则是其工作场所；营业员搬运货物，其搬运过程所涉足的地方就是其工作场所。本案中，刘某是驾驶员，其主要工作场所是车辆运行的区域，但除了驾驶外，他还要从事其他工作性活动。参加公司的会议也是一种工作，会场就是其工作场所。刘某在参加会议时受伤，符合《工伤保险条例》第十四条第（一）项规定的条件，且没有《工伤保险条例》第十六条所列举的情形，应当认定为工伤。

区劳动保障行政部门持有的观点过于浅显地理解了"工作场所"，把主要的工作场所之外的其他工作场所一概否定。

[案例拓展]

通常什么情况下应认定为工伤？工伤亦称因工负伤，是指职工在生产劳动或工作中负伤。职工有下列情形之一的，应当认定为工伤：

（一）在工作时间和工作场所内，因工作原因受到事故伤害的；

（二）工作时间前后在工作场所内，从事与工作有关的预备性或者收尾性工作受到事故伤害的；

（三）在工作时间和工作场所内，因履行工作职责受到暴力等意外伤害的；

（四）患职业病的；

（五）因工外出期间，由于工作原因受到伤害或者发生事故下落不明的；

（六）在上下班途中，受到非本人主要责任的交通事故或者城市轨道交通、客运轮渡、火车事故伤害的；

（七）在工作时间和工作岗位，突发疾病死亡或在48小时之内经抢救无效死亡的；

（八）在抢险救灾等维护国家利益、公共利益活动中受到伤害的；

（九）职工原在军队服役，因战、因公负伤致残，已取得革命伤残军人证，到用人单位后旧伤复发的；

（十）职工在工作时间和工作场所内受到伤害，用人单位或者社会保险行政部门没有证据证明是非工作原因导致的；

（十一）职工参加用人单位组织或者受用人单位指派参加其他单位组织的活动受到伤害的；

（十二）在工作时间内，职工来往于多个与其工作职责相关的工作场所之间的合理区域因工受到伤害的；

（十三）其他与履行工作职责相关，在工作时间及合理区域内受到伤害的；

（十四）职工所受伤害只要符合"上下班途中，受到机动车事故伤害的"规定，就应当认定为工伤；

（十五）从单位宿舍至其父母家途中受伤的情形，属于"在上下班途中"，应认定为工伤；

（十六）在单位的工作安排下，参加体育训练活动而受到伤害的，应当依照《工伤保险条例》关于"因工作原因受到事故伤害的"规定，应认定为工伤；

（十七）离退休人员受聘于现工作单位，现工作单位已经为其缴纳了工伤保险费，其在受聘期间因工作受到事故伤害的，适用《工伤保险条例》的有关规定处理；

（十八）职工受单位指派外出学习期间，在学习单位安排的休息场所休息时受到他人伤害的，应当认定为工伤；

（十九）低温、雨雪、冰冻灾害期间，用人单位为维护国家利益和公共利益的需要，在恢复交通、通信、供电、供水、排水、供气、道路抢修、保障食品、饮用水、燃料等基本生活必需品的供应、组织营救和救治受害人员等过程中，临时雇用职工受到伤害可视为工伤；

（二十）职工因公外出期间死因不明，用人单位或者社会保障部门提供的证据不能排除非工作原因导致死亡的，应当认定为工伤；

（二十一）达到或者超过法定退休年龄，但未办理退休手续或未依法享受城镇职工基本养老保险待遇，继续在原用人单位工作期间受到事故伤害或患职业病的，用人单位依法承担工伤保险责任；

（二十二）用人单位招用已经达到、超过法定退休年龄或已经领取城镇职工基本养老保险待遇的人员，在用工期间因工作原因受到事故伤害或患职业病的，如招用单位已按项目参保等方式为其缴纳工伤保险费的，应适用《工伤保险条例》认定为工伤。

上述法律规定可以看出，"工作时间""工作场所""工作原因"是工伤认定的基本要素。

停工留薪期工资支付标准是什么？

停工留薪期，是指职工发生工伤或者患职业病后，停止工作接受治疗，继续享受原工资福利待遇的期限。

根据法律规定，职工因工作遭受事故伤害或者患职业病需要暂停工作接受工伤医疗的，在停工留薪期内，原工资福利待遇不变，由所在单位按月支付。停工留薪期一般不超过12个月。

伤情严重或者情况特殊，经设区的市级劳动能力鉴定委员会确认，可以适当延长，但延长不得超过12个月。

工伤职工评定伤残等级后，停发原待遇，按照法律规定享受伤残待遇。工伤职工在停工留薪期满后仍需治疗的，继续享受工伤医疗待遇。

关于停工留薪期的具体期限，是根据工伤医疗机构的诊断证明，按照《停工留薪期目录》予以确定。因此，不能按医疗单位出具的休假证明确定停工留薪期。

工伤职工的生活护理费由谁负担？

支付生活护理费主要包括两种情形：一是工伤职工在停工留薪期生活不能自理而需要护理的；二是工伤职工已经评定伤残等级并经劳动能力鉴定委员会确认需要生活护理的。

依据法律规定，生活不能自理的工伤职工在停工留薪期需要护理的，由所在单位负责。如果工伤职工已经评定伤残等级并经劳动能力鉴定委员会确认需要生活护理的，从工伤保险基金按月支付生活护理费。

生活护理费按照生活完全不能自理、生活大部分不能自理或者生活部分不能自理三个不同等级支付，其标准分别为统筹地区上年度职工月平均工资的50%、40%、30%。依据上述规定，护理费赔偿由用人单位或从工伤保险基金按月支付，且护理等级不同，支付标准也不同。

工伤职工享受哪些工伤保险待遇？

第一，应当由用人单位支付的工伤保险待遇。包括：停工留薪期的工资福利待遇，停工留薪期间的生活护理费用，五级、六级伤残职工的伤残津贴，终止或解除劳动关系时的一次性伤残就业补助金。

第二，应当由工伤保险基金支付的工伤保险待遇。包括：工伤医疗费、住院伙食补助费、生活护理费、一次性伤残补助金、一次性工伤医疗补助金、一至四级工伤职工伤残津贴、丧葬补助金、一次性工亡补助金等费用。

如果用人单位未为职工缴纳工伤保险费的，那么工伤职工应当享受的工伤保险待遇，由用人单位按照规定的项目和标准予以支付。

如果用人单位未足额缴纳工伤保险费，用人单位也应支付造成工伤职工享受的工伤保险待遇降低的部分。

用人单位与工伤职工之间的劳动关系在何种条件下可以解除或终止？

职工因工致残被鉴定为一级至四级伤残的，用人单位应保留其劳动关系，并安排其退出工作岗位；职工因工致残被鉴定为五级、六级伤残的，用人单位应保留其劳动关系，并安排其从事适当工作或退出工作岗位。

工伤职工本人可以提出与用人单位解除或者终止劳动关系；职工因工致残被鉴定为七级至十级伤残的，在劳动、聘用合同期间，职工本人可以提出解除劳动、聘用合同，劳动、聘用合同期满的，劳动关系终止。

谁可以去申请工伤认定？

用人单位、工伤职工、工伤职工的近亲属，都可以申请工伤认定。

什么时间可以去申请？

发生事故伤害或者被诊断、鉴定为职业病之日起30日内用人单位可以申请，工伤职工或者其近亲属、工会组织，在1年内可以申请。但是，申请工伤认定前，需要确认劳动关系，因确认劳动关系而进行仲裁或诉讼的期限，应当扣除。

向谁去申请工伤认定？

一般向用人单位所在地的设区的市级社会保险行政部门办理。

需要递交哪些材料？

需要递交的材料包括：填写工伤认定申请表、提交劳动合同或其他劳动关系证明材料、医疗诊断证明或职业病诊断证明书。另外，上下班途中发生的交通事故，还需要提交交通事故认定书；因履行工作职责受到他人暴力伤害的，还需要提交人民法院的判决书等。

看了就能懂的
法律常识
劳动纠纷
KANLE JIU NENG DONG DE
FALU CHANGSHI
LAODONG JIUFEN

问题4：
工伤认定是否有时间限制？

[案例]

2016年6月13日，冯某根据其用人单位某餐饮管理有限公司的安排从事跟车送餐工作。当天13时许，冯某送完餐返回单位途中，所乘车辆与其他车辆发生交通事故，事故中，冯某的右足被倒下的餐箱砸伤。后冯某因伤病不见好转，自2016年9月19日起至2017年4月11日期间，多次前往多家医院就诊。经多家医院的诊断材料显示，冯某分别患有两侧骶骨关节炎、右足舟骨骨折后改变、腰椎陈旧性骨折、腰椎退行性改变、腰椎侧弯、腰椎间盘突出、右侧膝关节炎等伤病。

2017年4月11日，冯某提出工伤认定申请，请求将其于2016年6月13日工作中发生车祸致其腰椎间盘突出伴坐骨神经痛、右脚大脚趾骨折认定工伤。该地人力资源和社会保障局经调查、取证，认为冯某右足第一趾末节骨折，符合认定工伤的情形，而腰椎间盘突出伴坐骨神经痛不符合可认定工伤或视同工伤的情形。冯某就认定结果不服，向人民法院提起诉讼，一审、二审人民法院均未支持其诉请。

2019年3月5日，冯某再次提出工伤认定申请，认为其在2016年6月13日事故中受伤，导致其患有右趾骨折、右足舟骨骨折、右膝损伤、创伤性关节炎、腰外伤、腰椎陈旧性骨折、右膝损伤创伤性关节炎、骶骨关节炎（外伤），并要求将以上均认定为工伤。该地人力资源和社会保障局最终认定，冯某主张的右足第一趾末节骨折、腰椎间盘突出伴坐骨神经痛已在之前的工伤认定一案中作出认定，且经人民法院两审审结，该诉求属于重复申请，不再重复处理；冯某主张的右足舟骨骨折在第一次申请工伤认定时未被确诊，直至2018年6月5日司法鉴定意见书认为右足舟骨骨折与事故受伤有关联，后又经医院医生修改病历，对其进行确诊，因此对此处工伤申请进行受理并作出了认定；冯某主张的腰椎陈旧性骨折、右膝损伤创伤性关节炎、骶骨关节炎（外伤）等，在2016年12月26日的病历中均有诊断，冯某在2017年4月11日申请工伤认定及人力资源和社会保障局进行调查、处理的过程中，均未提出工伤认定申请，冯某直至2019年3月5日才提出工伤认定申请，明显超出申请工伤认定的期限，人力资源和社会保障局据此作出不予受理的决定。冯某之后又向人民法院提起诉讼，一审、二审人民法院均未支持其诉讼请求。

[法律问题]

劳动者申请工伤认定是否有时限要求？

[法律分析]

根据《工伤保险条例》第十七条的规定，职工发生事故伤害或者按照职业病防治法规定被诊断、鉴定为职业病，所在单位应当自事故伤害发生之日或者被诊断、鉴定为职业病之日起30日内，向统筹地区社会保险行政部门提出工伤认定申请。遇有特殊情况，经报社会保险行政部门同意，申请时限可以适当延长。用人单位未按前款规定提出工伤认定申请的，工伤职工或者其近亲属、工会组织在事故伤害发生之日或者被诊断、鉴定为职业病之日起1年内，可以直接向用人单位所在地统筹地区社会保险行政部门提出工伤认定申请。用人单位未及时提交工伤认定申请，期间发生的工伤待遇的相关费用由用人单位负担。

本案中，冯某于2016年6月13日发生交通事故，其最晚应于2017年6月12日申请工伤认定。冯某于2019年3月5日才对2016年已诊断出的内容提起工伤认定申请，人力资源和社会保障局对此不予受理并无不当。

[案例拓展]

日常工作中是怎么认定职业病的呢？

职业病，是指企业、事业单位和个体经济组织等用人单位的劳动者在职业活动中，因接触粉尘、放射性物质和其他有毒、有害物质等因素而引起的疾病。各国法律都有对职业病预防方面的规定，一般来说，凡是符合法律规定的疾病都能称为职业病。

在生产劳动中，职工接触有毒化学物质、粉尘气雾、异常的气象条件、高低气压、噪声、振动、微波、X射线、γ射线、细菌、霉菌，长期强迫体位操作，局部组织器官持续受压等均可引起职业病，一般将这类职业病称为广义的职业病。对其中某些危害性较大，诊断标准明确，结合国情，由政府有关部门审定公布的职业病，称为狭义的职业病或法定（规定）职业病。

企业应当组织从事接触职业病危害作业的劳动者进行职业健康检查，对需要复查和医学观察的劳动者，应当按照体检机构要求的时间，安排其复查和医学观察。对遭受或者可能遭受急性职业病危害的劳动者，应当及时组织其进行健康检查和医学观察。职业健康检查应当根据所接触的职业危害因素类别确定检查项目和检查周期，需复查时可根据复查要求相应增加检查项目。

职业病鉴定程序通常如下：

（1）申请。当事人向作出诊断的医疗卫生机构所在地政府卫生行政部门提出鉴定申请。鉴定申请需提供的材料包括：《鉴定申请书》《职业病诊断病历记录》《诊断证明书》，以及鉴定委员会要求提供的其他材料。

（2）审核。职业病诊断鉴定办事机构收到当事人的鉴定申请后，要对其提供的与鉴定有关的资料进行审核，看有关材料是否齐备、有效。职业病诊断鉴定办事机构应当自收到申请资料之日起10日内完成材料审核，对材料齐全的发给受理通知书；对材料不全的，通知当事人进行补充。必要时由第三方对患者进行体检或提取相关现场证据，当事人

看了就能懂的
法律常识
劳动纠纷

KANLE JIU NENG DONG DE
FALU CHANGSHI
LAODONG JIUFEN

应当按照鉴定委员会的要求，予以配合。

（3）组织鉴定。参加职业病诊断鉴定的专家，由申请鉴定的当事人在职业病诊断鉴定办事机构的主持下，以随机抽取的方式从专家库中确定。当事人也可以委托职业病诊断鉴定机构抽取专家，组成职业病鉴定委员会。鉴定委员会通过审阅鉴定资料，综合分析，作出鉴定结论。当鉴定意见不一致时，应当予以注明。

（4）鉴定书。鉴定书的内容应当包括：被鉴定人的职业接触史、作业场所监测数据和有关检查资料等一般情况、当事人对职业病诊断的主要争议以及鉴定结论和鉴定时间。鉴定书必须由所有参加鉴定的成员共同签署，并加盖鉴定委员会公章。

问题5：
无证驾驶能否被认定为工伤?

[案例]

马某系A市某农机配件厂的职工。2005年4月25日19：30分左右，马某下班后骑无牌摩托车回家，行至某镇某村村北时发生交通事故，与迎面由北向南行驶的一辆农用三轮车相撞。事故造成马某腿部受伤，左腿被截肢。肇事车辆逃逸。2005年11月21日，A市公安交通警察大队出具事故证明：马某发生交通事故受伤，摩托车损坏，肇事车辆逃逸。2005年11月28日，马某向A市劳动和社会保障局提出书面申请，要求对其伤情认定工伤。A市劳动和社会保障局以"马某无证驾驶无牌摩托车是违反治安管理的行为"为由作出ZO.ZW2005120034号《工伤认定书》，认定马某不属于工伤。马某不服，于2006年1月6日向A市人民政府提出行政复议申请。A市人民政府维持了A市劳动和社会保障局作出的认定。马某于2006年2月27日向A市人民法院提起行政诉讼，请求依法撤销A市劳动和社会保障局作出的ZO.ZW2005120034号《工伤认定书》，并判令其重新作出工伤认定。

看了就能懂的
法律常识
劳动纠纷

KANLE JIU NENG DONG DE
FALÜ CHANGSHI
LAODONG JIUFEN

　　A市人民法院经审理认为，马某作为A市某农机配件厂的职工，在下班途中发生交通事故，受到机动车伤害，符合国务院《工伤保险条例》第十四条工伤认定情形之第（六）项"在上下班途中，受到机动车事故伤害的"的规定。马某虽无证驾驶摩托车，但作为治安管理处罚主体的公安机关对其行为并未作出认定和处理，在没有公安机关认定原告的行为是违反了治安管理的行为的情况下，A市劳动和社会保障局以马某无证驾驶无牌摩托车违反治安管理为由，根据当时实施的《工伤保险条例》第十六条的规定，作出马某所受的伤不属于工伤的认定，属于认定事实不清，适用法律错误，应予撤销。为此，依据《中华人民共和国行政诉讼法》的相关规定，判决撤销A市劳动和社会保障局作出的ZO.ZW2005120034号《工伤认定书》，并重新为马某作出工伤认定决定。

[法律问题]

无证驾驶能否被认定为工伤？

[法律分析]

在本案审理过程中，对马某无证驾驶无牌摩托车受伤应否认定工伤存在两种意见。

一种意见认为不应认定工伤，理由是：无证驾驶无牌摩托车不仅是违反治安管理的行为，而且无证驾驶与其受伤有直接因果关系。如果不驾车上路，就不可能发生本次事故，就能避免伤害。所以，无证驾车受伤符合《工伤保险条例》第十六条规定的不得认定为工伤的情形，不应认定为工伤。

另一种意见认为应当认定工伤，理由是：马某作为企业职工，在下班途中受到机动车事故伤害，其情形符合《工伤保险条例》第十四条认定工伤的规定，且不属于《工伤保险条例》第十六条所列的排除性规定，应当认定为工伤。

2004年1月1日施行的《工伤保险条例》第十四条、第十五条列举了十种可认定为工伤或视同工伤的情形，第十六条列举了三种不能认定工伤的情形。一般而言，职工的伤情符合第十四条、第十五条的肯定性规定，且不在第十六条排除性规定之列，即可认定为工伤；虽然符合第十四条、第十五条的肯定性规定，但在第十六条排除性规定之列，则不能认定为工伤。本案中，马某的情况符合当时施行的《工伤保险条例》第十四条第（六）项"在上下班途中，受到机动车事故伤害的"的规定是不容置疑的，关键是无证驾驶受伤是否符合第十六条第一项"因犯罪或者违反治安管理伤亡"的排除性规定。这里的"因犯罪或者违反治安管理伤亡"应作何理解？本书认为，"因犯罪或者违反治安管理伤亡"是指伤亡职工自身存在犯罪或者违反治安管理的行为，且该行为具备以下条件：一是与职工的伤亡存在必然的联系或者是造成伤亡的直接原

看了就能懂的
法律常识
劳动纠纷
KANLE JIU NENG DONG DE
FALÜ CHANGSHI
LAODONG JIUFEN

因，二是经职权部门作出明确的认定。两者必须同时具备，缺一不可。否则，职工的伤亡只要符合当时施行的《工伤保险条例》第十四条、第十五条的规定，就应认定为工伤。至于职工是否存在犯罪或者违反治安管理的行为，劳动和社会保障行政部门在处理工伤案件时无权自行认定。就本案的情况来看，马某虽无证驾驶摩托车，但是公安交通警察大队仅出具"事故证明"证明马某出了交通事故受伤，并证明肇事车辆逃逸，对马某无证驾驶摩托车行为并未作出认定和处理。因肇事者逃逸，也无法认定马某受伤与其无证驾驶摩托车有直接的、必然的因果关系，所以马某的情况不在第十六条第一项"因犯罪或者违反治安管理伤亡的"的排除性规定之列。只要其具备了认定工伤的其他必要条件，就应认定为工伤。

通过上述分析知道，依据《工伤保险条例》的规定，在上下班途中，受到非本人主要责任的交通事故可认定为工伤。所以，劳动者上下班无证驾驶机动车造成交通事故的，如果不承担主要以上责任，就可以认定为工伤。

[案例拓展]

哪些情况属于无证驾驶呢？

1. 机动车驾驶人在未经过专门的驾驶员培训学校的驾驶技能训练与考试，进而取得机动车驾驶证的情况下，驾驶机动车的，为无证驾驶。

2. 驾驶人驾驶的机动车车型超出驾驶证核定的准驾车型的范围的，作无证驾驶处理（比如只持有C类驾照的人开B类驾照的车，或只持B类驾照的人开A类驾照的车，等等）。

3. 使用伪造、变造驾驶证或其他非法途径获取的驾驶证，或驾驶证已过期失效，或被暂扣、吊销或撤销的，均视为无证驾驶。

4. 驾驶人的年龄或健康状况不符合驾驶条件的（多指实际年龄超出所驾车型的最大年龄限制，如年龄不足按照非法获取机动车驾驶证处理）。

5. 持军队、武装警察部队驾驶证驾驶民用机动车的（有特殊许可证明的除外）。

6. 持境外机动车驾驶证在中国驾驶的。

问题6：
职工上下班在绕行路线受到伤害能否被认定为工伤?

[案例]

张某为某医疗器械公司的职工。2017年6月某日下午，张某在下班回家途中与胡某驾驶的小汽车发生碰撞。事发后，张某被送往医院治疗。经诊断，张某左膝盖外侧受到损伤。当地交通管理部门作出交通事故认定书，认定胡某对该起事故负全部责任，张某不负责任。出院后，张某向所在地的人力资源和社会保障局申请工伤认定。因张某未按下班日常路线行驶而是绕路通行，故人力资源和社会保障局作出不予认定工伤的决定。后张某不服，认为其疾病复发，为了避开日常通行路途上的油烟而绕路，属于合理的下班回家路线，故向法院提起行政诉讼，要求撤销人力资源和社会保障局的不予认定工伤决定。

[法律问题]

依照相关规定，劳动者在上下班的途中、在日常经过的路线上，遭受非由其本人负主要责任的交通事故，应当认定为工伤。如果因为受恶劣天气条件等客观因素的影响，日常通行路线或者必经路线无法通行，或者因为劳动者身体状况等主观原因，劳动者不得不选择绕道其他路线通行，发生非本人负主要责任的交通事故，能否认定为工伤呢？

[法律分析]

法院经审理认为，《工伤保险条例》第十四条规定："职工有下列情形之一的，应当认定为工伤……（六）在上下班途中，受到非本人主要责任的交通事故或者城市轨道交通、客运轮渡、火车事故伤害的。"上下班途中的合理路线应当综合考虑出发地与目的地之间的相对位置和当时路况等客观情况。本案中，张某在事发当日并未沿着日常路线自西向东行驶，而是绕至其他路线，再自东向西转向回家。其提供的病历材料虽然证明其患有疾病，但是并不能证明其不能接触油烟。而且，根据被告人力资源和社会保障局提供的证据材料，张某日常的通行路线上并没有路边摊，反而事发当日其绕行的路线上有路边摊，会产生油烟等气体。故张某提供的证据不足以证明其在事发当日的绕行路线具有合理性。最终，法院判决驳回了张某的诉讼请求。

本案中，张某称由于其近期旧病复发，为避免接触其日常必经路线上路边摊的油烟味，事发当日绕路回家。如果张某旧疾复发不适宜接触油烟，那么当日其选择该路线，显然不符合逻辑、不合理。所以，张某在事发当日选择的绕行路线不具有合理性，不能认定为其上下班的合理路线，也就不符合《工伤保险条例》第十四条所规定的认定工伤的条件。

[案例拓展]

此类工伤认定案件中，判断劳动者受到事故伤害时所在路线是否为其上下班途中的合理路线，是重点与难点。实践中，一般可以结合职工居住地和工作单位所在地的相对位置关系、道路状况、路程远近等因素来进行综合判断。

部分情况下，职工在上下班时由于种种原因会选择其他路线绕行，即不经过平时所路过的上下班路线。这些因素包括个人喜好、身体状况或者身体原因、外部压力下自身意识行为、道路堵塞、突发事件、封路限行、天气恶劣及其他客观原因等。职工在选择上下班的非日常通过的路线时发生交通事故，在申请工伤认定时，有义务就事发当日选择绕行线路的合理性进行必要的说明与解释。绕行事由成立的，可以认定为其当日的通行路线为合理路线；如果不能举证证明该路线为合理路线的，则其当日的通行路线不能认定为合理路线。判断职工绕行的合理性，应结合以下因素：一是职工所提出的绕行事由是否客观存在；二是职工提出的绕行事由是否符合一般逻辑、是否合理。

问题7：
职工提前上班途中受伤是否可以认定为工伤？

[案例]

何某系A市某锻造公司检验员，男，24岁。按公司排班，何某上的是夜班，每天21时为上班时间。何某住处到公司上班地点的距离，骑摩托车一般需20分钟左右。2016年5月12日19时30分，何某提前一个半小时驾驶二轮摩托车到公司上班，途中为躲避一行人而受伤。何某先被送至A市工人医院，后转至A市某医院住院治疗，于2016年6月4日出院，诊断结论为右膝韧带断裂。2017年4月30日，何某向A市人力资源和社会保障局申请工伤认定。因其与公司之间没有签订劳动合同，遂先行向A市劳动仲裁委员会申请仲裁其与公司之间存在劳动关系。A市劳动仲裁委员会于2017年6月19日裁决何某与公司之间存在劳动关系。何某立即于2017年6月21日正式填写《工伤认定申请表》。A市人力资源和社会保障局于2017年8月7日作出裁定，认定何某负伤为工伤。某锻造公司不服该决定，认为何某不是在上班途中合理时间内受伤，不应认定为工伤，遂向B省人力资源和社会保障厅申请行政复议。B省人力资源和社会保障厅于2017年11月23日作出《行政复议决定书》，维持了工伤认定决定。

对工伤认定决定，某锻造公司不服，向A区人民法院提起行政诉讼，诉称：何某申请工伤认定超过了一年的法定申请期限，其在距离上班时间还有一个半小时的时候，自己骑摩托车受伤，而且所出事的地点并不在他从家中到单位的最近路线上，A市人力资源和社会保障局认定为工伤的结论错误，请求法院判决撤销该决定。

A区法院受理此案。一审认为，根据《关于实施〈工伤保险条例〉若干问题的意见》第二条对《工伤保险条例》第十四条规定的解释，"上下班途中"应是在合理时间内经过合理路线。本案中，何某到单位上班虽有不同路线，但其发生交通事故当天行走的路线也是其中的一条，且该条路线到其单位距离相对较近，应为解释中的"合理路线"。公司晚班工作时间是21时，何某作为单位检验员，由于其从事检验工作每天到岗后要换装，还需和上一班同事完成工作交接等原因，在当天19时多骑车从家中出发上班，在途中发生交通事故，此时间可认定为"合理时间"，故A市人力资源和社会保障局认定何某受伤为工伤有事实根据和法律依据。何某于2017年4月30日向A市人力资源和社会保障局反映情况，提出工伤认定申请，其申请时间没有超过法定时限。根据有关法律规定，A区法院作出一审判决，驳回该公司诉讼请求。

一审宣判后，该公司不服，以认定事实不清为由上诉到A市中级人民法院，要求改判。

A市中级人民法院二审认为，《工伤保险条例》第十四条第（六）项规定，职工在上下班途中，受到非本人主要责任的交通事故伤害的应当认定为工伤。劳动和社会保障部《关于实施〈工伤保险条例〉若干问题的意见》第二条将"受到机动车事故伤害的"解释为，既可以是职工驾驶或乘坐的机动车发生事故造成的，也可以是职工因其他机动车事故造成的。

A市中级人民法院作出终审判决，驳回某锻造公司上诉，维持一审法院的判决。

[法律问题]

提前到公司上班，途中发生交通事故到底算不算工伤？

[法律分析]

本案中，何某驾驶机动车发生事故而受伤属于认定工伤的范畴。双方当事人所争议的焦点在于何某当时是否在上班途中。首先，从时间上看，行政法规并未规定职工必须准时准点上下班，职工无论是提前上班还是推迟上班，均不影响工伤的认定。虽然从客观上看，何某于2016年5月12日19时30分左右发生交通事故，距离所规定的上班时间21时还有一个半小时的时间。上诉人某锻造公司对何某事发当日应该于21时上班的事实予以认可。考虑到当日是阴天，何某从住处到达单位仍需近20分钟的时间，而且其到单位后还需要换衣服，和别人进行交接班，因此何某关于其提前上班的陈述具有合理性。

其次，上下班的路线应当是职工上下班通常可以选择的路线，而不应限于职工上下班的最近路线或者最方便路线。本案中，上诉人某锻造公司认为何某应当按照从其家中到单位的最近路线来行走，缩小了法条的含义，该理解有违《工伤保险条例》关于保障因工作遭受交通事故伤害职工获得医疗救治和经济补偿的立法目的。并且，何某事发当天上班所行走的路线也没有明显绕道。因此，可以认定其上班的路线为合理路线。

最后，《工伤保险条例》第十九条第二款规定："职工或者其近亲属认为是工伤，用人单位不认为是工伤的，由用人单位承担举证责任。"而上诉人某锻造公司在行政机关认定工伤过程中并没有提供证据来证明何某发生的交通事故不是在上班途中。

问题8：
职工提前下班途中受伤是否可以认定为工伤？

[案例]

强某在物业公司任保安一职，物业公司的保安排班为早中晚三班。

2015年7月28日，强某在物业公司处上中班，中班的工作时间为15时至23时。当天22时10分左右，强某在未征得物业公司同意的情况下从物业公司保安岗处离开。2015年7月28日22时25分，强某骑自行车途经A市某城区时，与一辆小型客车发生碰撞，导致强某身体多处受伤。经交警部门认定，强某在此次交通事故中负次要责任。

后强某被送往医院治疗，2015年8月1日经抢救无效死亡，死亡原因为多器官功能衰竭。2015年8月19日，陈某向A市人力资源和社会保障局提交《工伤认定申请书》，就强某于2015年7月28日发生交通事故受伤后经抢救无效死亡一事向A市人力资源和社会保障局申请工伤认定。受理其申请后，综合取得的各项证据材料，查明强某于2015年7月28日的正常下班时间为23时，强某未经单位同意于当天22时25分左右骑自行车离开单位，不属于下班时间，于2015年10月16日作出《不予认定工伤决定书》，即强某在本次事故中导致的死亡不符合"在上下班途中，受到非本人主要责任的交通事故或者城市轨道交通、客运轮渡、火车事故伤害的"情形。因此，A市人力资源和社会保障局认定强某发生的事故伤害不符合《工伤保险条例》第十四条、第十五条认定工伤或者视同工伤的情形，决定不予认定工伤，并依法送达申请人及物业公司。

[法律问题]

提前从公司下班，途中发生交通事故到底算不算工伤？

[法律分析]

物业公司保安处的工作时间为早班7时至15时，中班15时至23时，晚班23时至次日7时。2015年7月28日，强某事发当天应在物业公司上中班，其正常上班时间是到23时，而其在当晚22时25分左右被发现在物业公司附近的马路上骑自行车而发生交通事故，并且是在没有履行请假手续的情况下提前下班的。因此，强某属于擅自离岗发生交通事故受到的伤害，并不符合下班途中应当予以认定工伤或者视同工伤的情形。据此，A市人力资源和社会保障局对强某2015年7月28日发生事故受到的伤害作出《不予认定工伤决定书》并无不当。

根据《工伤保险条例》第十四条第（六）项规定，职工在上下班途中，受到非本人主要责任的交通事故或者城市轨道交通、客运轮渡、火车事故伤害的，应当认定为工伤。由此可见，上下班途中除考虑职工是否在上下班合理路途之外，还须参照上下班合理时间因素综合判断。只有在上下班途中遭遇的交通事故，才可能被认定为工伤。

职工擅自离岗本身就违反了用人单位的制度，而且是对用人单位利益的损害。若将其视同为正常下班，并让单位承担该违规行为所带来的风险，显然对用人单位有失公平。

［案例拓展］

日常生活中，人们难免要在上下班途中处理一些生活上的事情，比如接孩子、买菜，那么下班途中因去超市买菜被汽车撞伤算工伤吗？

《最高人民法院关于审理工伤保险行政案件若干问题的规定》第六条规定："对社会保险行政部门认定下列情形为'上下班途中'的，人民法院应予支持：

（一）在合理时间内往返于工作地与住所地、经常居住地、单位宿舍的合理路线的上下班途中；

（二）在合理时间内往返于工作地与配偶、父母、子女居住地的合理路线的上下班途中；

（三）从事属于日常工作生活所需要的活动，且在合理时间和合理路线的上下班途中；

（四）在合理时间内其他合理路线的上下班途中。"

根据上述条款规定，上下班途中接孩子、买菜发生交通事故算工伤吗？

什么是合理时间？这个合理时间可以说比较宽泛，用我们都能理解的话来讲就是应当具有正当性，上下班有一个时间范围，可能早一点，可能晚一点，比如下了班以后，还要加一会儿班，或者是等交通的高峰时段过了之后再回家，这些都属于合理时间。

对于"合理路线"的范围，某审判庭原庭长举例称："比如下班的途中需要到菜市场买一点菜，然后再回家，而且是顺路，是不是合理的路线，是不是日常工作中所需要的活动呢？我们认为都应当包括在内。所以理解这一条规定，我们要抓住一个关键词，就是'合理'。"

因此，上下班期间顺道买菜、接送孩子均符合上述司法解释规定的情况。若发生交通事故而受伤，应认定为工伤！

⚖ 问题9：
职工是否在转正之后才能参加社保？

[案例]

2016年5月，王某在某公司工作两个月后，发现公司没有为其缴纳社会保险，于是向公司询问。他得到的答复是："您还在试用期内，公司无须为您缴纳社会保险。"因此，王某向劳动监察部门举报。劳动监察部门调查核实后，责令该公司为本单位所有未缴纳社会保险的试用期职工补缴社会保险。

[法律问题]

单位以试用期为由不为劳动者缴纳社保，这合法吗？

[法律分析]

试用期是企业与劳动者之间的考察期。很多企业认为，在试用期

看了就能懂的
法律常识
劳动纠纷
KANLE JIU NENG DONG DE
FALU CHANGSHI
LAODONG JIUFEN

内，双方劳动关系的不稳定因素过多，所以待劳动者转正后再行办理社会保险比较符合实际情况，试用期内给劳动者办理社会保险既无实际意义，也无必要。

这种做法不仅不合理，而且违反法律法规的强制性规定。企业与劳动者签订合同时，劳动报酬、社会保险等都属劳动合同的必备条款。《中华人民共和国劳动合同法》第十九条第四款规定：试用期包含在劳动合同期限内。也就是说，企业在试用期间也必须为劳动者缴纳社会保险。企业必须在双方劳动关系建立之日起30日内为劳动者办理社会保险登记及参保手续。否则，将会受到劳动监察部门的行政处罚。

企业的上述做法亦会使自身陷入法律风险之中。比如，企业未给在试用期的劳动者办理社会保险，一旦劳动者在试用期内发生工伤或者需要企业为其支付医疗费等情况，企业就无法从社会保险机构获取社会保险待遇；同时，职工因工伤产生的工伤赔偿或医疗费支出等，也完全由企业自行承担。

[案例拓展]

五险一金是指用人单位给予劳动者的几种保障性待遇的全称，包括基本养老保险、基本医疗保险、失业保险、工伤保险和生育保险，以及住房公积金。

问题10：
职工可以和公司协商不缴纳社会保险吗？

[案例]

2007年春节过后，王某和同村老乡一起进城务工。经老乡介绍，王某进入一家餐饮企业A公司从事服务工作，双方约定基本薪酬为1500元。A公司要求王某提供相关身份证明，由公司为其缴纳综合社会保险。王某的老乡告诉王某，若由企业为其缴纳综合社会保险，会每个月从王某应得工资中扣除80元左右。急于通过打工补贴家用的王某对于每月扣除80元钱并不情愿。

次日，王某向A公司提出，自愿放弃综合社会保险的缴纳，并愿意与企业签订协议书，说明是自己自动放弃综合社会保险的。A公司考虑到，若不为王某缴纳综合社会保险则可以节约企业的人力成本支出，遂同意与之订立协议。协议约定，王某自愿放弃A公司为其办理综合社会保险；A公司为保证王某诸项社会保险的相关权益，为其购买含生育、医疗、意外在内的商业保险，每月由公司代为缴纳商业保险费。

2008年5月，市劳动监察大队在对实际用工情况的监察审核中发现，A公司未为王某缴纳综合社会保险，故依法作出处罚决定。

[法律问题]

1. 监察大队的处罚决定是否正确?

2. A公司与王某基于"自愿"和"友好协商"签订的双方协议是否有效?

3. 能否依据该协议免除社会保险缴纳义务?

4. 商业保险能否替代社会保险?

[法律分析]

缴纳社会保险是企业和职工的法定义务，不可因双方的协议而免除。

《中华人民共和国劳动法》第七十二条规定："社会保险基金按照保险类型确定资金来源，逐步实行社会统筹。用人单位和劳动者必须依法参加社会保险，缴纳社会保险费。"

《社会保险费征缴暂行条例》第四条规定："缴费单位、缴费个人应当按时足额缴纳社会保险费。征缴的社会保险费纳入社会保险基金，专款专用，任何单位和个人不得挪用。"第十三条规定："缴费单位未按规定缴纳和代扣代缴社会保险费的，由劳动保险行政部门或者税务机关责令限期缴纳；逾期仍不缴纳的，除补缴欠缴数额外，从欠缴之日起，按日加收千分之二的滞纳金。滞纳金并入社会保险基金。"

从性质、保障范围、资金用途各方面来看，商业保险均与社会保险有所不同，因此，商业保险不能替代社会保险对职工的保障。

既然社会保险费的缴纳属于单位和个人共同承担的强制义务，那么王某与A公司所签订协议的效力又如何？当时施行的《中华人民共和国合同法》第五十二条第（五）项规定，违反法律、行政法规的强制性规定的，合同无效。也就是说，无论王某与A公司如何详尽地约定双方在不缴纳社会保险一事上的权利义务，皆自始归于无效。

以商业保险和"协商"放弃社会保险的形式规避社会保险缴纳义务，在面临职工举报或申请仲裁时，企业不仅不能免除应承担的社会保险缴纳义务，反而还可能因此承担额外的滞纳金和行政处罚。

［案例拓展］

《中华人民共和国劳动法》第一百条规定："用人单位无故不缴纳社会保险费的，由劳动行政部门责令其限期缴纳；逾期不缴的，可以加收滞纳金。"《社会保险费征缴暂行条例》第二十六条规定："缴费单位逾期拒不缴纳社会保险费、滞纳金的，由劳动保障行政部门或者税务机关申请人民法院依法强制征缴。"

首先，根据《中华人民共和国劳动法》的相关规定，用人单位必须从用工之日起一个月内与劳动者签订劳动合同并缴纳社会保险。缴纳社会保险是必须的，属于强制缴纳保险。缴纳社会保险是法律规定的强制义务，就如同人的生命权是受法律保护的，任何人都没有权利剥夺他人生命一样。用人单位违背劳动法有关规定，不缴纳或不按规定缴纳社会保险都是违法行为，均需承担相应的法律责任。

其次，作为用人单位，要依法按照相应的法律规定为自己的职工缴纳社会保险，无论职工愿不愿意享受自己的社会保险待遇。用人单位是发放工资的主体，主动权在用人单位一方。用人单位自己所承担的缴费比例应当自行主动承担，并且从职工本人工资中扣除相应费用后，发放给职工就可以了。所以说，不存在职工主动选择或者不选择缴纳社会保险的情况。

最后，职工自愿放弃缴纳社会保险也是不符合劳动合同法有关规定的。从用人单位角度来讲，如果不为职工缴纳社会保险，相应地也是要承担一定的法律风险的。社会保险属于政策性保险，用人单位和劳动者订立劳动合同后，用人单位必须为劳动者缴纳社会保险。缴纳社会保险是用人单位的责任和义务，用人单位不能以任何借口不给劳动者缴纳社会保险。社会保险就是社会保障，也是劳动者应享受的权利。劳动者也不能放弃缴纳社会保险的权利，应配合用人单位保护自己的合法权利。

问题11：
劳动者要求不缴纳社会保险，发生工伤了谁负责？

[案例]

2004年10月，李某等4人应聘到某建筑公司。公司在待遇方面提出，如果职工坚持要求办理社会保险，将从职工每月工资中扣除300元。李某等觉得还是多拿点工资好，至于办不办理社会保险也没什么关系。于是，双方签订了10年的劳动合同。合同中的第五条规定，每月工资2000元（含社会保险费300元），对社会保险事宜公司不予负责，且说明社会保险包括基本养老保险、工伤保险、失业保险和生育保险等。

2005年1月，李某在公司的一栋商品房建设施工过程中从5楼摔下，造成重伤。经过1个月的住院治疗，李某的伤情基本好转，但造成了五级伤残。李某提出退出工作岗位，公司同意。公司只同意负责支付工资和生活补助，但不支付伤残补助金、失业保险金等社会保险待遇。经过多次协商未果，同年4月1日，李某向当地劳动争议仲裁委员会提出仲裁申请，要求公司支付相应的社会保险待遇等，共计18万元。

公司认为，公司不办理社会保险是经双方协商同意的，且职工从中得到了较多工资，这笔保险费用公司已实际给了职工；现在李某要求公司支付本应从社会保险基金中支付的款项，造成公司不必要的损失，所以公司不应承担社会保险的有关待遇。

[法律问题]

李某的伤情应该由谁负责？

[法律分析]

企业应按照国家的规定，参照参加了社会保险的情况全额支付相应的保险待遇，包括养老保险、失业保险、工伤保险等。根据《中华人民共和国劳动法》和《工伤保险条例》等法律法规的规定，社会保险是国家强制保险，为职工办理社会保险是用人单位的法定义务。本案中，企业与职工对社会保险问题进行约定，但是约定内容与法律法规的规定相抵触，因此该条款是无效条款，对合同双方不具有拘束力。所以，企业应按照《中华人民共和国劳动法》及相关法律法规的规定无条件地全额支付相应的工伤保险待遇。

《中华人民共和国劳动法》第十六条规定："劳动合同是劳动者与用人单位确立劳动关系、明确双方权利和义务的协议。建立劳动关系应当订立劳动合同。"可见，李某与企业订立劳动合同是符合法律规定的，且符合《中华人民共和国劳动法》第十九条关于合同成立的相关要件，且是有效合同。但合同中关于不参加社会保险的第五条是否合法呢？《中华人民共和国劳动法》第七十二条规定，用人单位和劳动者必须依法参加社会保险，缴纳社会保险费。《工伤保险条例》和《社会保险费征缴暂行条例》等都规定，为职工办理社会保险是用人单位的法定义务。可见，参加社会保险不以个人意志为转移，是国家法律的强制性规定，任何人不得违反。根据《中华人民共和国劳动法》第十八条第（一）项规定，违反法律、行政法规的劳动合同是无效合同。因此，企业与李某等职工约定不参加社会保险的条款，因与国家法律规定相冲突，所以此条款不具有法律效力，企业应当支付职工的社会保险待遇。

保险合同是射幸合同，通过缴纳一定金额的保险费后，投保人或保险合同受益人会得到等倍甚至数倍的利益。这部分利益是因参加保险和缴纳保险费后的预期利益。现在，由于企业与职工协商不参加社会保险，这部分利益不能获得。如果全部由企业支付相应的社会保险费用，那么会造成企业的损失。对这部分应如何处理？本案中，双方在自愿协商基础上对社会保险问题进行约定，且均明知不参加社会保险会带来的后果，所以对这一条款的无效均有过错。根据《中华人民共和国民法典》第一编总则、第六章第三节第一百五十七条的规定："民事法律行为无效、被撤销或者确定不发生效力后，行为人因该行为取得的财产，应当予以返还；不能返还或者没有必要返还的，应当折价补偿。有过错的一方应当赔偿对方由此所受到的损失；各方都有过错的，应当各自承担相应的责任。法律另有规定的，依照其规定。"双方都有过错的，应当各自承担相应的责任。企业的支付金额故应相应地减少，职工个人也应承担一定的不利后果。

综上所述，企业和职工在签订劳动合同过程中对无效条款的产生均有过错，企业的支付金额应相应减少，按对已作为工资待遇支付的每月300元的社会保险费与将会发生的保险费情况，综合确定减少的金额。

[案例拓展]

工伤是指劳动者在工作过程中因工作原因受到事故伤害或患职业病。为分担风险，保障工伤职工的基本生活，中国境内各类企业、有雇工的个体工商户应当依照《工伤保险条例》规定参加工伤保险，为本单位全部职工或者雇工缴纳工伤保险费。在工伤发生后，无论用人单位是否事实上缴纳了工伤保险，劳动者的权益都可以获得保障，只是具体方式有所不同。

总结一下遭遇工伤后劳动者如何维权的情况：

情况一：用人单位依法缴纳工伤保险的，相应的工伤保险待遇由工伤保险基金列支。

根据《工伤保险条例》对于工伤保险待遇的规定，工伤保险待遇分为工伤医疗待遇、住院伙食补助费、特定情形下的交通费和食宿费、一次性伤残补助、解除或终止劳动关系时的一次性工伤医疗补助金和一次性伤残就业补助金等。其中一次性伤残补助金、一次性工伤医疗补助金的支付主体为工伤保险基金，一次性伤残就业补助金的支付主体为用人单位。劳动者主张工伤待遇的，用人单位已经为劳动者缴纳工伤保险费的，用人单位应积极配合劳动者办理工伤保险相关待遇申领手续。

情况二：用人单位未缴纳工伤保险的，劳动者应向用人单位主张工伤保险待遇。

《中华人民共和国社会保险法》第六十条规定："用人单位应当自行申报、按时足额缴纳社会保险费，非因不可抗力等法定事由不得缓缴、减免。职工应当缴纳的社会保险费由用人单位代扣代缴，用人单位应当按月将缴纳社会保险费的明细情况告知本人。无雇工的个体工商户、未在用人单位参加社会保险的非全日制从业人员以及其他灵活就业人员，可以直接向社会保险费征收机构缴纳社会保险费。"用人单位为劳动者缴纳社会保险，属于法律的强制性规定。用人单位不能通过约定方式免除自身的法定义务。用人单位未依法为劳动者缴纳工伤保险费用的，应由用人单位负担劳动者依法可享受的所有工伤待遇。

情况三：违法分包、转包情形下，劳动者应向实际用工单位主张工伤保险待遇。

《最高人民法院关于审理工伤保险行政案件若干问题的规定》第三条规定："社会保险行政部门认定下列单位为承担工伤保险责任单位的，人民法院应予支持……（四）用工单位违反法律、法规规定将承包业务转包给不具备用工主体资格的组织或者自然人，该组织或者自然人聘用的职工从事承包业务时因工伤亡的，用工单位为承担工伤保险责任的单位。"据此，劳动者与不具备用工主体资格的组织或者自然人之间劳动关系的认定，不影响用工单位承担工伤保险责任。

保护劳动者的合法权益，特别是让劳动者在因工受到伤害时得到有效救济，是建立和谐稳定用工关系、维持正常生产秩序、减少劳动事故发生的有力保障。工伤保险基金具有统筹共济的特点，能够在劳动者受到伤害时起到有力的支持救助作用。在此特别提醒用人单位，应依法及时足额为劳动者缴纳社会保险，在保障劳动者能够依法享受工伤保险待遇的同时，也有助于用人单位减轻自身经营风险。

问题12：
公司能否要求女职工放弃产假提前返岗？

[案例]

时某是某公司行政文员。2020年5月6日，时某开始休产假；5月15日，时某在妇幼医院顺利生下龙凤胎，升级成为新手妈妈。同年9月1日，因公司业务量急剧上升，时某所在公司人事部门在电话询问时某身体恢复情况后，通知时某于9月14日返岗上班。时某向公司告知其生育的是双胞胎，应增加15天产假，同时，时某认为产假未到期，提出9月27日假期休满后方可返岗。次日，时某接到公司到岗的通知，要求时某在9月14日到公司报到。再次与公司沟通未果，时某坚持休完产假，没有按照公司要求到岗。后公司以时某不服从公司安排、旷工等为由将时某辞退。时某为维护自己的合法权益，向仲裁委申请劳动仲裁，要求公司支付违法解除劳动合同赔偿金。

仲裁委经审理后认为，时某生育的是双胞胎，在法定产假基础上可以增加15天假期，公司要求时某到岗的时间尚在产假期间，时某有理由予以拒绝。最终仲裁委认定公司解除劳动合同属于违法解除，需向时某支付违法解除劳动合同赔偿金。

[法律问题]

公司能否要求女职工放弃产假提前返岗?

[法律分析]

依据《女职工劳动保护特别规定》第七条,女职工生育享受98天产假,其中产前可以休假15天;难产的,增加产假15天;生育多胞胎的,每多生育1个婴儿,增加产假15天。女职工怀孕未满4个月流产的,享受15天产假;怀孕满4个月流产的,享受42天产假。

生产前开始休产假的,从正式休假开始起算。用人单位不得强制要求孕假中的女职工提前销假返岗,不得因为女职工拒绝提前返岗而作出岗位调整、减少报酬等决定。

[案例拓展]

女职工都会有一个不可回避的重要问题要面对——怀孕与生育,也就是法律上的"三期",即孕期、产期、哺乳期。

下面讲一下女职工在"三期"所享有的特殊的劳动保护以及与"三期"内的女职工能解除劳动合同的情形。除此之外,用人单位是不允许与"三期"内女职工解除劳动合同的。

《中华人民共和国劳动合同法》第三十九条规定,劳动者有下列情形之一的,用人单位可以解除劳动合同。该条指所有劳动者,当然包括

看了就能懂的
法律常识
劳动纠纷
KANLE JIU NENG DONG DE
FALU CHANGSHI
LAODONG JIUFEN

"三期"内女职工。只要用人单位掌握充分证据证明"三期"内女职工有以下六种情形之一的，就可以合法地行使单方解除权。

（1）"三期"女职工在试用期间被证明不符合录用条件的。

（2）"三期"女职工严重违反用人单位的规章制度的。

（3）"三期"女职工严重失职，营私舞弊，给用人单位造成重大损害的。

（4）"三期"女职工同时与其他用人单位建立劳动关系，对完成本单位的工作任务造成严重影响；或者经用人单位提出，拒不改正的。

（5）"三期"女职工以欺诈、胁迫的手段或者乘人之危，使用人单位在违背真实意思的情况下订立或者变更劳动合同的。

（6）"三期"女职工被依法追究刑事责任的。

除了以上六种情形之外，用人单位不得单方解除劳动合同，否则属于用人单位违法解除劳动合同。

要记住，如果女职工处"三期"，且没有违反以上六点，但是用人单位单方解除劳动合同，属于违法解除劳动合同。女职工有两个选择：其一，女职工有权要求用人单位继续履行劳动合同。其二，女职工不想要求继续履行劳动合同，或者劳动合同无法继续履行的情况下，用人单位应当依照《中华人民共和国劳动合同法》第八十七条的规定，按照经济补偿标准的二倍向女职工支付赔偿金。

另外，如"三期"内女职工自愿与用人单位协商解除劳动合同的也不适用该规则；如果用人单位在女职工"三期"内主动提出协商解除劳动合同，女职工也表示同意而达成解除劳动合同协议的，或者女职工主动提出单方解除劳动合同的，也不适用该规则。

此外，女职工在产检环节上应多注意，否则有因旷工被开除的风险。依据《女职工劳动保护特别规定》第六条规定，怀孕女职工在劳动时间内进行产前检查，所需时间计入劳动时间。产检孕检是怀孕女职工的合法正当权利，用人单位不得因孕期女职工产前检查扣减工资，更不得以此作为认定旷工的依据。为避免产生纠纷，建议怀孕女职工按照单位的规定提前请好假。若需延长假期则应尽快报告延期原因。除履行单位内部请假手续外，怀孕女职工也应留存相关就医单据备查，保护自身合法权益。

看了就能懂的
法律常识
劳动纠纷
KANLE JIU NENG DONG DE
FALU CHANGSHI
LAODONG JIUFEN

⚖ **问题13：**
女职工哺乳期晚到或早退，工资怎么发？

[**案例**]

陆某是一名新手妈妈，产假结束返岗上班后成为背奶一族。因离家较远，陆某可以选择每日晚到1小时或者早退1小时，且已经将每日1小时哺乳时间的安排向主管领导说明报备。后因公司扣除陆某全勤工资，双方发生争议。仲裁委最终支持了陆某要求单位支付全勤奖、支付工资差额的诉讼请求。

[**法律问题**]

哺乳期工资怎么结算？

[**法律分析**]

女职工哺乳未满1周岁婴儿可享受哺乳假。依据《女职工劳动保护特别规定》第九条规定，用人单位应当在每天的劳动时间内为哺乳期女职工安排1小时哺乳时间；女职工生育多胞胎的，每多哺乳1个婴儿每天增加1小时哺乳时间。用人单位应允许哺乳期女职工自行选择集中使用哺乳时间，且不得因此降低其工资报酬。

对于缩短女职工产假时间、延长哺乳期和怀孕7个月以上女职工的劳动时间或者安排夜班劳动的用人单位，由县级以上人民政府人力资源社会保障行政部门责令限期改正，按照受侵害女职工每人1000元以上5000元以下的标准计算，处以罚款。

[**案例拓展**]

用人单位不能将产前检查、产假、哺乳假等计为病假、事假、缺勤或旷工，应当将前述期间算作劳动时间，按照劳动合同正常支付劳动报酬，应分清"三期"可协商范围和法律法规强制规定的内容，依法安排"三期"女职工工作、保障"三期"女职工获得劳动报酬、平等就业等权利。

2021年，国家卫健委等15部门联合印发《母乳喂养促进行动计划（2021—2025年）》。计划提出，到2025年，母婴家庭母乳喂养核心知识知晓率达到70%以上，公共场所母婴设施配置率达到80%以上。计划要求，保护哺乳期女职工权益，用人单位要切实落实女职工劳动保护相关规定，确保女职工享受产假、生育奖励假，合理安排哺乳期女职工的哺乳时间。对哺乳未满1周岁婴儿的女职工，用人单位应当在每天的劳动时间内为其安排1小时哺乳时间；女职工生育多胞胎的，每多哺乳1个婴儿每天增加1小时哺乳时间，哺乳时间视同提供正常劳动。用人单位不得因女职工哺乳降低其工资福利待遇、予以辞退或解除劳动（聘用）合同。

此外，哺乳期工作量被公司强行增加如何处理？

哺乳期妇女受特殊保护，用人单位不得随意增加工作。《中华人民共和国妇女权益保障法》规定，任何单位均应根据妇女的特点，依法保护妇女在工作和劳动时的安全和健康，不得安排不适合妇女从事的工作和劳动。妇女在经期、孕期、产期、哺乳期受特殊保护。《中华人民共和国劳动法》规定，不得安排女职工在哺乳未满1周岁的婴儿期间从事国家规定的第三级体力劳动强度的劳动和哺乳期禁忌从事的其他劳动，不得安排其延长工作时间和夜班劳动。一般情况下，用人单位不得与孕期、产期、哺乳期的女职工解除劳动合同。用人单位违法解除或者终止劳动合同的，应当向劳动者支付赔偿金。

职场妈妈依法享有"三期"合法权益的同时，也应当遵循诚实守信的基本原则，及时主动与用人单位沟通"三期"问题。通过双方协商予以解决，避免产生不必要的争议纠纷。希望更多的人可以关注到职场妈妈，不仅关注职场妈妈所扮演的社会角色、所创造的社会价值，也要关注职场妈妈背负的家庭压力和社会压力，给予职场妈妈更多的保护和宽容。

问题14：
劳动合同中加入的限制生育条款是否合法?

[案例]

张某某于2014年被某用人单位录用，双方续签劳动合同至2018年2月28日止。2015年8月，张某某被医院确诊怀孕。2015年10月13日，用人单位依据该单位内部《职工制度》中"入职前女职工有服务不满36个月不能生育的承诺，未履行承诺者则违约，按本人辞职处理"的规定，以"个人原因"为由与张某某解除劳动合同，于同日出具解除劳动合同证明书。张某某认为，单位与其解除劳动合同侵害了其合法权益，故向劳动人事争议仲裁委员会提起劳动仲裁，要求公司支付其赔偿金。

劳动人事争议仲裁委员会认为：用人单位应当依据国家法律规定制定管理制度。根据有关法律规定，用人单位不得规定限制女职工生育的内容。因公司在其制度中存在有限制申请人生育的条款，其条款内容与法律相悖，当属无效条款。公司以此条款为由与申请人解除劳动合同的情形也属违法，故对申请人要求公司支付违法解除劳动合同赔偿金的主张，予以支持。最终裁决支持了张某某的仲裁请求。

后用人单位不服仲裁裁决并诉至法院，理由是其公司并未强制要求女职工放弃自身生育的权利，而是在入职时进行了协商；女职工自愿放弃了自己的权利，应当遵守公司相关规定。

法院经审理后认为，该公司在其制度中存在限制张某某生育的条款，该条款内容与法律相悖，公司以此条款与张某某解除劳动合同属于违法解除劳动合同。故张某某要求公司支付违法解除劳动合同赔偿金的主张应当支持。最后，法院判决驳回该公司的诉讼请求。

[法律问题]

劳动合同中加入限制生育条款，是否侵犯妇女生育自由权？

[法律分析]

《中华人民共和国妇女权益保障法》规定，各单位在录用职工时，除不适合妇女的工种或者岗位外，不得以性别为由拒绝录用妇女或者提高对妇女的录用标准。各单位在录用女职工时，应当依法与其签订劳动（聘用）合同或者服务协议，劳动（聘用）合同或者服务协议中不得规定限制女职工结婚、生育的内容。用人单位违法解除或者终止劳动合同的，应当依照《中华人民共和国劳动合同法》第四十七条规定的经济补偿标准的二倍向劳动者支付赔偿金。

［案例拓展］

女性在职场招录与入职时必知：

（一）招录时的性别歧视

刚进入社会、准备入职的女性遇到用人单位招聘时，如果用人单位存在只招男性、不招女性或者男性优先的歧视行为，别担心，法律规定，录用职工时，不得以性别为由拒绝录用妇女或者提高对妇女的录用标准。按照《中华人民共和国就业促进法》第六十二条规定："违反本法规定，实施就业歧视的，劳动者可以向人民法院提起诉讼。"女性是有权利把用人单位起诉到法院，通过司法手段保护自己的合法权益的。

（二）签订劳动合同的限制

各单位在录用女职工时，应当依法与其签订劳动（聘用）合同或者服务协议，但劳动（聘用）合同或者服务协议不得规定限制女职工结婚、生育。

（三）女职工的福利

入职后，用人单位必须为女职工缴纳生育保险，否则应自行向女职工支付生育医疗费用。

女职工生育或者流产的医疗费用，按照生育保险规定的项目和标准，对已经参加生育保险的，由生育保险基金支付；对未参加生育保险的，由用人单位支付。生育保险待遇包括生育医疗费用和生育津贴。生育津贴若低于女职工工资标准，用人单位应当补足差额。

问题15：
公司是否可以对"三期"女职工进行调岗？

[案例]

韩某与A省某公司于2009年3月签订劳动合同。公司在韩某入职后对其进行了公司的规章制度培训、岗位培训，并让韩某在《职工手册》上签字确认。2009年11月，韩某发现自己已怀孕3个月，由于身体问题，韩某时常感觉不适，在1个月内连续请病假超过10日（该病假得到部门领导同意）。由于请假天数过多，公司人力资源部根据《职工手册》第八章第三条"病假超过10日的，公司有权根据情况调整其工作岗位"之规定，对韩某作出了调整工作岗位的决定。韩某收到调岗通知书后，不接受调岗，并与领导沟通。在沟通未果的情况下，韩某一气之下连续请假10天（口头请假，无任何书面手续）。2010年2月，公司人力资源部根据《职工手册》第十二章第九条"职工无故旷工3天，公司可以解除劳动合同，且不给经济补偿"之规定，对韩某作出解除劳动合同且不给予经济补偿的决定。韩某申请劳动仲裁，要求单位撤销决定书，恢复与其的劳动关系，并按正常工作时的工资计发其休假工资。

[法律问题]

1. 本案中，公司是否可以对韩某进行岗位调整？

2. 韩某不接受调岗的决定，并以请假为由连续10天不上班，公司是否可以解除与其劳动关系？

3. 韩某在仲裁申请中提及的"按正常工作时的工资计发其休假工资"要求是否可以成立？

[法律分析]

本案反映了很多用人单位和怀孕女职工之间的一些普遍矛盾，如调整工作内容、女职工"三期"内病假问题、女职工不服从公司管理等问题。

结合本案的三个问题进行分析：

本案第一个涉及的问题，是对"三期"女职工的调岗问题，即合同变更问题。从法律的角度来分析，企业在劳动者不能胜任工作时，可以对劳动者的岗位进行变更，这样的规定也同样适用于处于"三期"的女职工。就本案来说，如果该企业的规章制度对调岗有明确和合法的规定，企业的做法还是可以得到法律支持的。

本案第二个涉及的问题是，女职工在严重违纪的情况下，企业是否有权解除劳动关系？本案中，韩某在无任何书面请假手续的情况下离开岗位10天，是否属于"严重违反劳动纪律"是本案的核心审批内容。关于公司中职工行为是否属于"严重违反劳动纪律"完全是用人单位自主决定的，只要该用人单位《职工手册》等规章制度制定的内容合法、程序合法即可。因此，本案中的《职工手册》如果是合法有效的，那么用人单位对韩某作出的解除劳动合同的决定则是正确的。

本案第三个涉及的问题是，"三期"女职工病假工资的发放问题。职工患病或非因工负伤治疗期间，在规定的医疗期内由企业按有关规定支付其病假工资或疾病救济费，病假工资或疾病救济费可以低于当地最低工资标准支付，但不能低于最低工资标准的80%。本案中，韩某要求公司按正常工作时的工资计发其休假工资并无法律依据。针对女职工的病假有特别规定，不是所有怀孕女职工去医院都是按照病假规定的，女职工产前检查应按出勤对待，不能按病假、事假、旷工处理。

[案例拓展]

"三期"女职工是指处于孕期、产期或哺乳期的女职工。根据我国法律规定，"三期"女职工的合法权益受到法律保护。但是"三期"并非女职工不被解除劳动合同的"护身符"。

一是"三期"女职工应遵守劳动纪律和用人单位的规章制度，做到知法懂法、合法维权。女职工应增强自身法律意识，了解《中华人民共和国劳动法》《中华人民共和国劳动合同法》《中华人民共和国妇女权益保障法》《女职工劳动保护特别规定》等法律法规的规定，做到知法懂法，遇到自身权益受损的情况及时留存证据，合法维权；同时，女职工虽处于孕期、产期或哺乳期等特殊时期，但仍应严格遵守劳动纪律和用人单位的规章制度，如确需休假，应按照用人单位的规章制度，及时履行请假手续，并留证备查。

二是用人单位应依法建立和完善劳动规章制度，严格按照法律法规规定保障"三期"女职工合法权益。用人单位制定的劳动规章制度应当符合法律规定，保障劳动者享有劳动权利、履行劳动义务，用人单位制定直接涉及劳动者切身利益的规章制度应经过民主程序，并公示或告知劳动者。需特别注意的是，用人单位制定的规章制度应明确具体，避免歧义。"三期"女职工享有法定待遇，用人单位应严格按照法律法规的规定，保障"三期"女职工的合法权益；如遇"三期"女职工严重违反规章制度的情形，应谨慎处理，在固定证据的基础上，依法行使劳动合同解除权。

问题16：
单位可以以残疾人不能胜任工作为由辞退残疾职工吗？

[案例]

欧某自出生以来就具有智力上的障碍，医院出具的结论是智力残疾一级，属于适应行为水平极度缺陷的重度智力残疾人。1988年，欧某进入A市某机械附件厂工作，能够按照指示从事一些辅助性的劳动，得到一份工资。对于欧某的父母而言，这是一件值得宽慰的事情。在机械厂里，欧某一待就是20年，原以为能够这样生活下去，但2008年2月29日，机械厂以公告形式将欧某辞退了，理由是：欧某属智力残疾，无法对其进行管理及安排固定工作，且长期迟到早退，影响机械厂的正常生产秩序。这对欧某一家来讲，无疑是晴天霹雳。随后，欧某的家属就向劳动争议仲裁委员会申请仲裁，仲裁委员会经审理认定欧某与某机械附件厂之间不存在劳动关系，驳回欧某的仲裁请求。

在机械厂工作了20年，却不存在劳动关系，这让欧某的父母非常不理解。一气之下，欧某向人民法院提起劳动争议诉讼，要求机械厂按A市最低工资标准支付其2006年至2007年的工资差额，2008年1月—2月的工资以及解除劳动合同经济补偿金等款项。一审法院经审理后认为依照《社会福利企业招用残疾职工的暂行规定》第七条规定："社会福利企业招用智力残疾人员的标准为中、低度智力残疾者。"该规定中不包括智力重度残疾者（含一、二级）。欧某作为智力残疾一级、适应行为水平极度缺陷的残疾人，不属于社会福利企业招用残疾职工的范围，且欧某不能独立完成某项工作，仅能从事辅助性劳动，劳动能力严重受限。欧某虽在厂劳动，由某机械附件厂支付报酬，但因不具备合法的用工条件，双方未形成劳动关系。一审法院最终支持了欧某的工资请求，对解除劳动合同经济补偿金的诉讼请求予以驳回。

欧某不服，提起了上诉。二审法院以相同的事实和理由维持了一审判决。抱着最后试一试的心情，欧某在其法定代理人的帮助下，向检察院申请抗诉。检察院受理后，向法院提出抗诉。高院将该案发回重审。最终本案发回一审法院重审。在本案重审期间，在一审法院主持双方进行了调解。一审法院向机械厂陈述了利弊。本案中，欧某于1988年即到某机械附件厂工作，该厂当时并未因其重度智力残疾而拒绝录用，而是给其安排一定的劳动并按月发放工资，因此欧某已成为某机械附件厂的职工。同时，欧某提供了职工薪资表、盖有社会福利生产办公室公章的残疾人员就业卡片复印件，证明机械厂于1988年向主管部门申报用工统计时包括了欧某，另外还有机械厂职工的证人证言，证明欧某一直在机械厂工作。机械厂对此表示理解，最终以一次性支付欧某10万元人民币达成和解。

[法律问题]

1. 残疾人病发，单位可以将其辞退吗？
2. 单位不承认与职工存在劳动关系，职工如何证明？
3. 单位违法解除劳动合同，赔偿金如何计算？

[法律分析]

残疾人病发，单位可以将其辞退吗？

《中华人民共和国劳动合同法》第四十二条规定："劳动者有下列情形之一的，用人单位不得依照本法第四十条、第四十一条的规定解除劳动合同……（三）患病或者非因工负伤，在规定的医疗期内的。"《企业职工患病或非因工负伤医疗期规定》第三条规定："企业职工因患病或非因工负伤，需要停止工作医疗时，根据本人实际参加工作年限和在本单位工作年限，给予三个月到二十四个月的医疗期：（一）实际工作年限十年以下的，在本单位工作年限五年以下的为三个月；五年以上的六个月。（二）实际工作年限十年以上的，在本单位工作年限五年以下的为六个月；五年以上十年以下的为九个月；十年以上十五年以下的为十二个月；十五年以上二十年以下的为十八个月；二十年以上的为二十四个月。"因此，本案中即便欧某病发，单位也没有理由将其辞退，应该给他足够的医疗期去治病。

如果单位不承认与职工存在劳动关系，职工如何证明？

司法实践中，一般参考劳动和社会保障部《关于确立劳动关系有关事项的通知》规定："用人单位未与劳动者签订劳动合同，认定双方存在劳动关系时可参照下列凭证：（一）工资支付凭证或记录（职工工资发放花名册）、缴纳各项社会保险费的记录；（二）用人单位向劳动者发放的'工作证''服务证'等能够证明身份的证件；（三）劳动者填写的用人单位招工招聘'登记表''报名表'等招用记录；（四）考勤记录；（五）其他劳动者的证言等。"其中，第（一）、（三）、（四）项的有关凭证由用人单位负举证责任。关于上述第（二）项中的"等"，实践中一般认为工作服、出入证、停车证、食堂饭票、往来邮件、工资记录等这些都可以作为证据链的一部分。

本案中，欧某持有以下证据：一是机械厂的职工薪资表；二是该区社会保险基金管理中心曾向机械厂下发《社会保险稽核整改意见书》，证明机械厂应当给欧某补缴社会保险；三是机械厂于2007年6月11日、2008年1月18日出具的两份证明，证明该厂认可欧某的职工身份；四是加盖有社会福利生产办公室公章的残疾人员就业卡片复印件，证明机械厂于1988年向主管部门申报用工统计时包括了欧某；五是机械厂职工证明欧某在该厂工作的证言。一系列的证据证明欧某和机械厂存在劳动关系。

单位违法解除劳动合同，赔偿金如何计算？

经济补偿金是用人单位解除劳动合同时，给予劳动者的经济补偿。经济补偿金是在劳动合同解除或终止后，用人单位依法一次性支付给劳动者的经济上的补助。我国法律一般称作"经济补偿"。《中华人民共和国劳动合同法》等规定了用人单位在与劳动者解除劳动合同时，应该按照一定标准一次性支付一定金额的经济补偿金。根据《中华人民共和国劳动合同法》第四十七条的规定："经济补偿按劳动者在本单位工作的年限，每满一年支付一个月工资的标准向劳动者支付。六个月以上不满一年的，按一年计算；不满六个月的，向劳动者支付半个月工资的经济补偿。劳动者月工资高于用人单位所在直辖市、设区的市级人民政府公布的本地区上年度职工月平均工资三倍的，向其支付经济补偿的标准按职工月平均工资三倍的数额支付，向其支付经济补偿的年限最高不超过十二年。"

本案中，因欧某已经在机械厂工作20年，且被机械厂辞退之后，因其智力残疾不具有正常的劳动能力，考虑到特殊情况，该机械厂最终一次性支付欧某10万元人民币。残疾人群体自强不息、自尊自立，参加符合其自身能力水平的劳动，应当予以支持。本案调解结果表明，司法审判必须依法切实保障残疾人劳动的权利，让其通过自身劳动创造幸福生活，切实维护残疾人合法权益。

[案例拓展]

残疾人权益需要多角度、多主体保障。如何更好地保障残疾人的权利，还有很多方面亟须全社会的努力：

首先，要完善法律法规，全面落实法律法规对残疾人保护的规定。虽然《中华人民共和国残疾人保障法》规定了残疾人在康复、教育、劳动就业、文化生活等方面的权利，但是现有规定并不能完全满足残疾人的普遍需求。

其次，要加强社会保障，切实保障残疾人的生存发展等权益。政府要加大对农村残疾人的扶持力度，对其基本的生活保障给予大力支持，加强对残疾人就业能力的培训；用人单位应当提供安全的劳动条件和防护措施，残疾职工所在单位还应为残疾职工提供特殊的劳动条件。此外，政府、单位应当采取有效措施，切实保障残疾人能够享受社会保险和各类福利。

最后，要动员多方力量，共同推进残疾人保障事业的发展。残疾人保障事业的发展不能单纯依靠某一方面的力量来解决，而是要依靠政府、残疾人联合会、志愿者组织、社区、残疾人等多元力量的互动。政府作为宏观层面的把控者，引导残疾人保障事业的大方向；残疾人联合会、志愿者组织、社区等组织的支持，将有利于促进残疾人保障体系平稳运行。要充分发挥残疾人联合会、志愿者组织等公益团体的纽带作用：残疾人向残疾人联合会提出自己的建议，残疾人联合会将普遍存在的问题反映给政府，政府再作出相应的决定，制定相关的政策或法规，为残疾人提供更多的社会保障。还有社会的每个个体，面对身体不健全者时，应当平等地对待他们，在他们需要时给予帮助。

第四章
劳动报酬

⚖ 问题1：
工作的公司没有资质，是否可以要求获得劳动报酬？

[案例]

王某一直以某教育培训公司的名义开展活动。林某于2018年6月开始为王某工作，岗位为初、高中学科辅导前台接待。双方未签订劳动合同，王某以其个人账户向林某支付工资。教育培训公司于2020年5月取得营业执照，法定代表人为王某。林某自述其于2020年4月1日办理了退休手续，但在教育培训公司一直工作到2020年4月16日才离职，这期间的工资未拿到手。双方因拖欠工资、未签订书面劳动合同二倍工资等问题产生争议。林某于2020年5月22日向当地劳动人事争议仲裁委员会申请仲裁。该仲裁委员会认为，林某的仲裁请求不属于劳动人事争议处理范围。林某不服，诉至法院。

教育培训公司认为，其一直未取得营业执照，因此不具有用工主体资格，无法建立劳动关系，林某不能获得基于劳动关系产生的任何权益。

一审法院判决：教育培训公司支付林某劳动报酬，驳回林某其他诉讼请求。林某不服一审判决提起上诉。二审法院判决：驳回上诉，维持原判。

[法律问题]

1. 教育培训公司与林某之间是否构成劳动关系？
2. 教育培训公司是否应该向林某支付劳动报酬？
3. 林某是否可以要求教育培训公司支付二倍工资？

[法律分析]

本案中，林某工作的教育培训公司没有资质，双方也未签订劳动合同，所以教育培训公司与林某之间不构成劳动关系。根据《中华人民共和国劳动合同法》第九十三条规定："对不具备合法经营资格的用人单位的违法犯罪行为，依法追究法律责任；劳动者已经付出劳动的，该单位或者其出资人应当依照本法有关规定向劳动者支付劳动报酬、经济补偿、赔偿金；给劳动者造成损害的，应当承担赔偿责任。"

本案中，教育培训公司未获得营业执照，不具备合法经营资格，但林某已实际付出了劳动，教育培训公司或者王某应当向其支付劳动报酬。

由于双方不构成劳动关系，林某基于劳动关系提出的教育培训公司未签订书面劳动合同支付其二倍工资的主张，人民法院无法支持。

[案例拓展]

用人单位尚未领取营业执照即开始招用劳动者，双方不构成劳动关系，只是在劳动报酬、劳动时间、劳动保护等方面准用劳动法律规定。

用人单位成立之前，无法开立社会保险账号和缴纳社会保险。

用人单位尚未领取营业执照即开始招用劳动者，并不免除其向伤残职工或死亡职工的近亲属给予赔偿的责任。因此，控股股东或者实际控制人可以根据工作内容，先行为劳动者办理短期商业人身保险，待用人单位成立后，按规定缴纳社会保险。

关于最低工资的规定：

最低工资不包含：

（1）延长法定工作时间的工资。

（2）中班、夜班、高温、低温、井下、有毒有害等特殊工作环境、条件下的津贴。

（3）伙食补贴（饭贴）、上下班交通费补贴、住房补贴。

上述项目不作为最低工资的组成部分，单位应按规定另行支付。

问题2：
公司能否使用实物代替货币折抵工资？

[案例]

乐某是某市一家箱包制造厂的工人，她已经在该箱包制造厂工作了两年。该厂的生产效益一直很好，但2019年4月，该厂因为生产的一批书包出现了质量问题，信誉严重下降，订单也逐渐减少。一直到2020年7月，该厂已经连续3个月没有给工人发放工资了。乐某等人一直要求工厂快点儿发工资。后来，该厂通知职工，工厂将要倒闭，没有资金来发放工资，决定以厂里积压的书包来折抵职工的工资。虽然该厂生产的箱包属于中高档包，平均价格都在100元，但职工都不愿意要这么多箱包。而且，厂里已经欠付乐某6000元的工资，乐某觉得自己拿回去这么多箱包也没有用。可是，厂长却说，如果他们不要箱包，那他也没有其他办法。

[法律问题]

企业能够以实物代替货币来支付职工工资吗？

[法律分析]

劳动者享有获得劳动报酬的权利，并且用人单位应当以货币支付的方式向职工发放工资，而不能以实物来代替货币支付。根据《中华人民共和国劳动法》第三条第一款规定："劳动者享有平等就业和选择职业的权利、取得劳动报酬的权利、休息休假的权利、获得劳动卫生安全保护的权利、接受职业技能培训的权利、享受社会保险和福利的权利、提请劳动争议处理的权利，以及法律规定的其他劳动权利。劳动者应当完成劳动任务，提高职业技能，执行劳动安全卫生规程，遵守劳动纪律和职业道德。"同时，我国《工资支付暂行规定》第五条明确规定："工资应当以法定货币支付。不得以实物及有价证券替代货币支付。"据此可知，本案中，虽然箱包制造厂将要倒闭，但其不能以箱包代替货币来支付职工工资。这种行为违反了法律规定，也侵害了劳动者请求劳动报酬的权利。在此种情况下，如果箱包制造厂执意不发给职工工资，则乐某等人可以通过法律途径主张自己的劳动报酬请求权，依法向劳动部门申请调解，或者向劳动仲裁委员会申请仲裁。

问题3：
对于年中离职的职工，公司应否发放年终奖？

[案例]

石某于2011年12月5日入职某公司。双方签订了无固定期限劳动合同，约定"年终或合同期满，乙方（劳动者）通过甲方（公司）绩效考核后，由甲方兑现发放乙方的全部年薪收入。甲方支付给乙方的年薪收入包括月发工资、以货币形式发放的福利以及绩效奖金等"。石某每个月固定发放工资6万元。2013年年初，发放2012年年终奖50万元。2014年年初，因石某绩效考核为C，公司按照其考核等级发放2013年年终奖22万元。2014年12月，石某以公司未足额向其发放2014年11月、12月工资为由向公司发出解除劳动合同通知，双方解除劳动合同。

石某向仲裁委申请劳动仲裁，要求公司向其发放2014年度的年终奖。公司则辩称，职工的年终奖以绩效考核情况为基础，而石某中途离职，并未参加年终考核，因此不能获得年终奖。

仲裁委经审理认为：石某系因公司未足额支付劳动报酬而于2014年12月与公司解除劳动合同，虽未参与2014年年终考核，但其未参与年终考核并无过错，公司以石某未参与2014年年终考核为由拒绝向石某发放年终奖的理由不成立，法院不予支持。同时，考虑到年终奖的确与考核相关，故仲裁委从公平角度出发，参照石某2013年年终奖标准，酌情认定石某2014年年度年终奖具体数额。

[法律问题]

年中离职的职工应否获得年终奖？

[法律分析]

国家统计局制定颁布的《关于工资总额组成的规定》第四条规定："工资总额由下列六个部分组成：（一）计时工资；（二）计件工资；（三）奖金；（四）津贴和补贴；（五）加班加点工资；（六）特殊情况下支付的工资。"可见，年终奖属于劳动报酬的组成部分，属于奖金。关于劳动报酬，《中华人民共和国劳动合同法》第十八条规定："劳动合同对劳动报酬和劳动条件等标准约定不明确，引发争议的，用人单位与劳动者可以重新协商；协商不成的，适用集体合同规定；没有集体合同或者集体合同未规定劳动报酬的，实行同工同酬；没有集体合同或者集体合同未规定劳动条件等标准的，适用国家有关规定。"

如用人单位与劳动者未在劳动合同中明确约定年终奖的发放方式，在集体合同中也没有约定，在规章制度中也未作规定的，此时应当认定属于用人单位与劳动者对于劳动报酬约定不明的情形。在双方已就年终奖发生争议的情况下，协商往往难以奏效。当前我国并没有对于年终奖有统一明确的规定，因此应当依据用人单位向其他职工发放的年终奖的计算方式，得出离职职工原本可能获得的年终奖数额，再依据其在岗时间比例计算其应得的年终奖数额。综上，在用人单位与劳动者对于年终奖的发放约定不明，同时集体合同、规章制度也未作规定或约定的情况下，应根据同工同酬的原则，支持劳动者关于年终奖的发放请求。但如果劳动合同中已有约定，或用人单位已有规章制度规定的情况下，应当按照劳动合同或规章制度执行。

[案例拓展]

由于年终奖一般在次年年初发放，实践中，一些中途离职的劳动者在知悉用人单位发放了年终奖后，经常请求用人单位按照上年度工作时间的比例向自己发放年终奖；用人单位通常拒绝，认为劳动者已经离职，不符合发放年终奖的条件。

根据《中华人民共和国劳动合同法》第四条的规定，用人单位应当将直接涉及劳动者切身利益的规章制度和重大事项决定公示，或者告知劳动者。当用人单位在规章制度中规定年终奖的发放方案时，年终奖就成为劳动者的工资总额的一部分，劳动者有权知晓年终奖是如何发放的。本案中，用人单位在未将涉及劳动者切身利益的年终奖的相关规定向劳动者公示的前提下，依据未经公示的规章制度决定不支付劳动者年终奖显然是不符合法律规定的。再者，按照相关规定，用人单位与劳动者约定的年终奖实际上属于劳动者工资的一部分，劳动者符合有关条件，就可享受当年的年终奖，用人单位不能以发放时间未到而不予发放。

为了避免年终奖方面的争议，建立更和谐、稳定的劳动关系，提醒各位劳动者可以在以下方面加以注意：

（1）要求用人单位在劳动合同中对年终奖的发放时间、标准、条件等设立条款做出明确约定。

（2）要求用人单位在规章制度中对年终奖的发放办法做出明确细致的规定，并依照《中华人民共和国劳动合同法》第四条之规定，履行相应的民主程序，将规章制度进行公示并向劳动者告知、送达。

第五章
工作时间与休假制度

问题1：
职工自愿加班，公司是否应该支付加班工资？

[案例]

周某是某外资公司的职工，工作期间，周某每日努力工作。当日工作任务在8小时内未完成的，为了不把工作任务留到下一个工作日，周某就在下班后自主加班完成当日工作任务。一年合同期满，周某决定不再续签劳动合同，但要求公司支付其一年内的加班工资，并出示了一年内延长工作时间的考勤记录。公司认为，周某延长工作时间是自愿行为，不能另行支付加班工资。该公司实行计时工资制度，并配套实行加班制度，规定只有经公司同意并办理必要手续的加班才能支付加班工资；周某虽然有加班的考勤记录，但这不是公司的安排，是周某自愿延长工作时间，并且没有办理过相关审批手续，因此周某要求公司支付加班工资不符合公司的规定。公司的这一说法也得到了劳动部门的认可。

[法律问题]

职工自愿加班，公司是否应该支付加班工资？

[法律分析]

《中华人民共和国劳动法》规定，企业可以制定与国家法律不相抵触的加班制度，可以设定适当的加班审批程序，并依据加班制度向职工支付加班工资。另外，根据《中华人民共和国劳动法》及《国务院关于职工工作时间的规定》等相关规定，实行计时工资制度的用人单位，其加班工资的支付有着明确的规定。但其前提是"用人单位根据实际需要安排劳动者在法定标准工作时间以外工作"，即由用人单位安排加班的，用人单位才应支付加班工资。如果不是用人单位安排加班，而是劳动者自愿加班的，用人单位依据规定可以不支付加班工资。

本案中，公司虽然对周某实行了计时工资制度，但周某平时的加班不是由公司安排的，而是周某自愿进行的；公司有加班制度，周某自愿加班时并未履行公司规定的加班审批手续。因此，周某要求公司支付其自愿且未履行加班审批手续的加班工资缺乏依据。

［案例拓展］

用人单位安排职工加班，就必须支付加班工资，这是众所周知的。但职工加班，用人单位却未必一定要支付加班工资。只有职工经用人单位安排加班的，用人单位才应向其支付加班工资。如果不是用人单位安排加班，而是劳动者自愿加班的，用人单位依据相关规定可以不支付加班工资。

根据《中华人民共和国劳动法》的规定，用人单位在三种情况下要支付高于劳动者正常工作时间工资的工资报酬，即用人单位要支付劳动者加班工资：一是"安排劳动者延长工作时间的，支付不低于工资的百分之一百五十的工资报酬"；二是"休息日安排劳动者工作又不能安排补休的，支付不低于工资的百分之二百的工资报酬"；三是"法定休假日安排劳动者工作的，支付不低于工资的百分之三百的工资报酬"。

劳动者一旦与用人单位发生争议，在诉讼中，加班事实应该由哪一方举证呢？

一般来说，根据《中华人民共和国民事诉讼法》的规定，举证责任的分配首先应当遵守"谁主张，谁举证"的分配规则，只有在法律或司法解释明确规定的情况下，才能采用举证责任倒置的规则。也就是说，当事人对自己提出的诉讼请求所依据的事实或反驳对方诉讼请求所依据的事实，有责任提供证据加以证明。根据该规则，劳动者主张加班工资，应当对加班事实承担举证责任。

但是，从现实层面来看，让劳动者承担加班事实的举证存在诸多困难。在不少单位，加班采用口头通知的形式，没有书面证据，是否加班往往体现在工资、打卡记录、工作记录等情况中。然而，这些证据往往由用人单位保存，劳动者无从获得。因此，尽管《中华人民共和国民事诉讼法》中举证责任分配的原则是"谁主张，谁举证"，但在人民法院可以根据公平原则和诚实信用原则，综合当事人举证能力等因素确定举证责任的承担。

因此，在加班事实的举证责任分配上，考虑前述事实因素，即用人单位一般掌握劳动者具体工作时间的证据，因此应当由用人单位承担相关事实的举证责任。但是，用人单位一方承担举证对自己不利的事实，显然不合常理。同时，不少劳动者主张的加班事实时间跨度较长，若要求用人单位一概提供相应证据，对用人单位来说过于不利。

因此，《最高人民法院关于审理劳动争议案件适用法律问题的解释（一）》中对加班工资举证责任问题作出了明确规定，"劳动者主张加班工资的，应当就加班事实的存在承担举证责任。但劳动者有证据证明用人单位掌握加班事实存在的证据，用人单位不提供的，由用人单位承担不利后果"。劳动者在劳动争议案件中处于弱势地位，考虑到劳动者举证的实际困难，对劳动者举证不能过于苛求，可适当减轻劳动者的举证责任。只要劳动者一方提出的基本证据，如考勤表、加班通知、"工资条"、交接班记录、证人证言等可以证明存在加班的事实，即可视为其举证责任已经完成。同样，对于劳动者认为加班事实的证据由用人单位掌握管理的，仍然要对此负有举证责任。这样，才能避免劳动者滥用举证责任分配而导致对用人单位的不公平。

问题2：
三类工时的加班工资怎么支付？

[案例一]

　　张某经猎头介绍入职某公司，从事市场推广工作，双方在劳动合同中明确约定适用标准工作时间。张某入职前，公司曾通过邮件向所有管理人员发送了名为"［非常重要］关于在管理层中严格要求996工作制的决定"的通知，内容载有"所有带团队的管理者，每周必须至少工作72小时"。张某向仲裁委提交了大量微信往来信息记录，显示其周一至周六下午5点至晚11点期间，经常性地安排工作、回复工作信息、进行线上视频会议等。张某向仲裁委申请要求公司支付延长工作时间的加班工资。

　　仲裁委经审理认为，张某所提交的通知可以证明公司的工作时间安排，微信往来信息记录可以证明张某确实按照公司安排存在加班事实。最终仲裁委裁决公司支付张某延长工作时间的加班工资三万余元。

[法律问题一]

用人单位执行"996"工作制，劳动者主张延长工作时间的加班工资能够得到支持吗？

[法律分析一]

《工资支付暂行规定》第十三条规定："用人单位在劳动者完成劳动定额或规定的工作任务后，根据实际需要安排劳动者在法定标准工作时间以外工作的，应按以下标准支付工资：

（一）用人单位依法安排劳动者在日法定标准工作时间以外延长工作时间的，按照不低于劳动合同规定的劳动者本人小时工资标准的150%支付劳动者工资；

（二）用人单位依法安排劳动者在休息日工作，而又不能安排补休的，按照不低于劳动合同规定的劳动者本人日或小时工资标准的200%支付劳动者工资；

（三）用人单位依法安排劳动者在法定休假节日工作的，按照不低于劳动合同规定的劳动者本人日或小时工资标准的300%支付劳动者工资。

实行计件工资的劳动者，在完成计件定额任务后，由用人单位安排延长工作时间的，应根据上述规定的原则，分别按照不低于其本人法定工作时间计件单价的150%、200%、300%支付其工资。

经劳动行政部门批准实行综合计算工时工作制的，其综合计算工作时间超过法定标准工作时间的部分，应视为延长工作时间，并应按本规定支付劳动者延长工作时间的工资。

实行不定时工时制度的劳动者，不执行上述规定。"

[案例二]

黄某于2014年1月1日至2017年3月22日期间在保安公司担任保安员，由队长排班出勤。黄某称，公司要求岗位24小时不断人，因此逢双休日、法定节假日，均需排班出勤。黄某向仲裁委提出劳动仲裁，要求保安公司支付双休日及法定节假日加班工资。保安公司提交了黄某在职期间的考勤记录，考勤记录显示黄某和其他3名保安轮班出勤，双休日、法定节假日均有保安员在岗，黄某曾有5个法定节假日出勤。同时，保安公司主张该公司保安员执行综合计算工时制度，且提交了相应年份的《A市企业实行综合计算工时工作和不定时工作制审批表》，显示该公司安保岗位实行以年为计算周期的综合计算工时工作制。

仲裁委经审理认为，保安公司取得劳动行政部门的特殊工时审批，黄某所在岗位实行综合计算工时，在此情形下，保安公司无须向黄某支付双休日加班工资。依据保安公司提交的考勤记录，黄某存在法定节假日出勤情况，最终仲裁委裁决保安公司支付黄某5天法定节假日加班工资。

[法律问题二]

保安公司执行特殊工时，加班工资怎么核算？

[法律分析二]

用人单位经批准实行综合计算工时工作制的，在综合计算工时周期内，用人单位应当按照劳动者实际工作时间计算其工资；劳动者总实际工作时间超过总标准工作时间的部分，视为延长工作时间，应当按照《工资支付暂行规定》第十三条规定支付加班工资；安排劳动者在法定休假日工作的，应当按照规定支付加班工资。需要注意的是，以"年"为周期综合计算工时工作制，企业安排劳动者工作时间为每年不超过2000小时，超出上述时间属于延长工作时间，应当按照150%支付延时加班工资；如存在法定节假日出勤情况，企业仍应按照300%支付法定节假日加班工资。

[案例三]

2018年9月1日，卢某入职快递公司，担任配送员，双方签署的劳动合同里载明执行不定时工时制度。卢某主张每天7点半上班，没有固定下班时间，工作日、双休日、法定节假日均上班，存在加班。卢某要求快递公司支付工作日延时、双休日、法定节假日加班工资。

看了就能懂的
法律常识
劳动纠纷
KANLE JIU NENG DONG DE
FALU CHANGSHI
LAODONG JIUFEN

快递公司主张，卢某执行不定时工时制，该公司不做出勤要求，职工完成派件任务即可，卢某的工资构成属于与工作量挂钩的底薪＋配送提成模式（按照配送单量、单件重量、单件配送距离等标准核算）。快递公司提交了2018年和2019年特殊工时审批手续，该证据显示经劳动行政部门审批，快递公司的配送员岗位执行不定时工作制。

仲裁委经审理认为，快递公司已就配送员岗位向劳动行政部门进行不定时工作制审批，且双方在劳动合同中亦明确约定卢某执行不定时工时制度。卢某要求快递公司支付工作日延时、双休日、法定节假日加班工资，缺乏法律依据，最终仲裁委裁决驳回卢某全部的仲裁请求。

［法律问题三］

快递小哥要求加班工资，用人单位执行不定时工作制，可以驳回其主张吗？

［法律分析三］

用人单位经批准实行不定时工作制度的，不适用《工资支付暂行规定》第十三条规定；对于实行不定时工作制的职工，用人单位应当根据标准工时制度合理确定职工的劳动定额或其他考核标准，保障职工休息权利。物流配送、长途运输、出租车、外勤推销类等特殊行业岗位经过审批可以实行不定时工作制，劳动者无权主张加班工资。但值得注意的是，适用不定时工作制的岗位需与行政审批记载的岗位形成对应关系，否则不能适用不定时工时制。

[案例拓展]

"把工作以外的生活还给打工人"，保障劳动者合法休息休假权利，越来越引发社会大众的共鸣。加班工资怎么要、怎么给等形成了一系列问题，比如：工作时间之外或者节假日，公司安排体育文化活动、培训会议等，这些属于加班吗？平时加班，都有加班工资吗？

首先，要弄明白三类工时制度的区别。劳动法规定的有三种工时工作制：

（1）标准工时工作制度，常见的每日工作时间不超过8小时，平均每周工作时间不超过40小时。

（2）综合计算工时工作制，采用以周、月、季、年为周期综合计算工作时间。综合计算周期内的总实际工作时间应当不能超过总法定标准工作时间，超过的部分视为延长工作时间，属于加班。

（3）不定时工时制，没有固定工作时间的限制，采用弹性工作时间等方式。

后两种工时制，企业应依照《关于企业实行不定时工作制和综合计算工时工作制的审批办法》经劳动行政部门批准方可实施。因岗位所需无法按标准工作时间安排工作，或因工作时间不固定需要机动作业，休息、休假可自行安排。

其次，关于加班的三种情况及加班工资：

（1）工作日的加班工资标准。一般指星期一至星期五工作日期间，实际工作时间超出8小时的。安排职工延长工作时间的，应支付不低于工资的150%的工资报酬。如果公司另安排职工在正常工作日补休的，可不发加班工资。

（2）休息日加班工资标准。一般情况下星期六、星期日为周休息日。休息日安排工作，公司需支付不低于工资的200%的工资报酬。但是，安排补休的情况下可以不支付加班工资。

（3）节假日加班工资标准。全年的法定节假日总天数为11天。在法定节假日期间安排加班的，公司应按照不低于工资的300%支付加班工资，且不得以调休等方式代替。

问题3：
加班工资以什么基数计算？

[案例]

　　华某入职时与公司在劳动合同中约定：月工资为8000元；但是加班时则按6000元/月作为计算加班工资的基数。后来，华某因加班较多，觉得公司按6000元/月计算加班工资太吃亏，就要求公司依据月工资8000元为基数计付。

　　公司与华某在劳动合同中就加班工资计算基数的约定低于工资标准，因其违反《工资支付暂行规定》第十三条的强制性规定，该约定无效。如华某要求以劳动合同规定的工资标准月8000元作为加班工资计算基数，公司必须执行。

看了就能懂的
法律常识
劳动纠纷
KANLE JIU NENG DONG DE
FALÜ CHANGSHI
LAODONG JIUFEN

[法律问题]

加班工资基数怎么计算?

[法律分析]

计算加班工资很重要的一个要素就是加班工资的计算基数。对于这个基数,《工资支付暂行规定》第十三条规定,应当按照不低于劳动合同规定的劳动者本人日或小时工资标准。在实际中,加班纠纷的主要争议焦点在于加班工资计算基数。

第一,用人单位与职工在劳动合同中约定了加班工资计算基数,且不低于工资标准的,以约定为准。

第二,现实中实际发放工资高于劳动合同约定工资的情形,劳动合同中没有另外约定加班工资的计算基数。此时,该如何确定加班工资计算基数呢?

如果实际工资高于劳动合同约定工资标准,且公司已经实际支付,应当视为双方已经变更合同约定的工资标准。相应地,职工的加班工资计算基数也应随之变化。

如果实际发放的工资低于劳动合同约定的,因为损害职工的合法权益,则不能以实际发放的工资作为计算基数,应按劳动合同约定工资计算加班工资。

第三,劳动合同没有明确约定工资数额,或者约定不明确时,应当以实际发放的工资为计算基数。

另外,实践中如何确定工资的范围。根据《关于工资总额组成的规定》第四条规定,工资总额包括计时工资、计件工资、奖金、津贴和补贴、加班加点工资、特殊情况下支付的工资。

实践中，应将基本工资、岗位津贴、职务工资等基于正常工作时间获得的工资均计入加班工资的计算基数。

工作时间和休息休假属于劳动合同必备条款，企业应将工时制度向劳动者告知，并将与劳动者休息、休假权利相关的重要条款在劳动合同中予以落实。适用不同的工时制度，是为了更好地体现行业差异性，促进特殊行业良性发展。企业可根据生产经营需要依法依规选择执行不同工时制度，劳动者也应及时了解不同工时制度的区别，方有助于建立和谐的劳动关系。

[案例拓展]

（一）从举证角度来看，劳动者对于加班事实的举证，难度很大

为解决劳动者举证难，《最高人民法院关于审理劳动争议案适用法律若干问题的解释（一）》第四十二条规定："劳动者主张加班工资的，应当就加班事实的存在承担举证责任。但劳动者有证据证明用人单位掌握加班事实存在的证据，用人单位不提供的，由用人单位承担不利后果。"

在民事诉讼中"谁主张，谁举证"的原则下，劳动者作为原告常陷入举证不能的被动局面。但在这个司法解释里，在特定的情况下把举证责任分配给用人单位，这就要看职工举证的技巧，也要看单位的答辩会不会犯低级错误了。

（二）实际情况中，加班事实认定中一些容易混淆的情形

工作中，职工延长工作时间的情况很多见，但不是所有的延长工作时间的工作都属于加班。现实中要区分一下什么情况可以认定为加班，

什么情况不可以认定为加班。

（1）单位在非工作时间安排的文体活动不属于加班，但安排的会议与培训，应认定为加班。

（2）一般性的值班不属于加班，但对于保管员、保安和门卫等特殊岗位，属于在岗位上出勤，是从事本职工作，此种情形应认定为加班。

（3）职工自行安排加班或者把工作带回家，如果是自愿而非用人单位安排的，不认定为加班。

（4）休息日与法定节假日，在出差路途中，因劳动者提供了劳动，应认定为加班。

（三）加班工资的认定难度很大

加班的事实被证明后，还有加班工资基数的认定。也就是说，按什么标准来计算加班工资。

有的劳动合同，约定工资为当地最低工资标准，但实际发放工资远高于该约定，如发生加班工资的仲裁或诉讼，则单位答辩称高于约定工资的部分款项即为加班工资，则职工败诉的可能性就增加。实践中有不少这样的案例。

近几年，劳动争议纠纷中有关加班工资的争议占比越来越大。从提供证据的角度，建议职工与公司对加班事实及时签字确认，保存好证据，以便于通过仲裁或诉讼途径保护自身合法权益。

问题4：
职工开具虚假的病假条，公司能否追回已发出的病假工资？

[案例]

许某系某化工厂职工，1994年8月，其通过在医院工作的妹夫开具虚假的病假条，休息13天。休息期间，许某去外省为某个体户联系购买服装，从中获取劳务费1070元。1995年1月，许某再次利用这种方式休息7天，去外省帮某个体户联系业务，但被在外省因公出差的副厂长碰见。由于许某弄虚作假，骗取领导批准的病假，去外地帮他人做生意挣钱，受到厂方警告处分。同时厂方决定对许某按旷工处理，将其旷工期间已领取的病假工资全部扣回。许某不服，向当地劳动争议仲裁委员会提出劳动仲裁申请，请求厂方退还被扣回的病假工资。仲裁委员会经调查认定许某弄虚作假的情况属实，裁决对许某的仲裁请求不予支持。

[法律问题]

许某能否请求企业退还被扣回的病假工资？

[法律分析]

旷工是指职工无正当理由，未履行请假手续，在工作时间不到工作场所上班。本案中，职工许某以生病为由休假，同时为他人做生意挣钱，其行为是错误的，其请假手续是无效的，可以视为未履行请假手续，在工作时间不到工作场所上班。因此，企业对于许某作出旷工处理决定是恰当的。

所谓病假工资，是指职工患病停止工作治疗期间，企业依照法律规定应支付的工资。对于职工的病假工资，根据患病职工本人的工龄长短，按本人标准工资的一定比例发放。职工享受病假工资待遇的基本条件是本人确实患有某种疾病，并有医院的有效证明。本案中的许某根本无病，其诊断证明是通过不正当手段出具的假证明，因此这种证明是不具有效力的。许某的行为既然是旷工，其病假当然不能成立，又怎么能领取病假工资呢？企业完全有理由将未向企业提供劳动的许某的病假工资全部扣回。

[案例拓展]

有些职工为了多休息几天，不去医院看病开假条，又不想没有工资，于是找黄牛买病假条。病假条是医院建议患病职工休假的证明。无论何种原因，向单位提交虚假的病假条都是不诚信的行为，而且该行为必然是职工故意做出的。这些病假条一旦被公司查实，因为提供虚假的病假条违反了诚实信用原则，性质不属于病假而是旷工，公司完全可以依据违反公司有关旷工的规定进行处理，且如果旷工的天数达到了严重违反规章制度或者严重违反劳动纪律的程度，职工可能面临被解除劳动合同的风险。《中华人民共和国劳动合同法》第三十九条规定："劳动者有下列情形之一的，用人单位可以解除劳动合同：……（二）严重违反用人单位的规章制度的。"另外，《中华人民共和国劳动法》第二十五条也明确规定，劳动者严重违反劳动纪律的，用人单位有权解除劳动合同。这些规定是关于用人单位即时解除劳动合同的规定。即时解除又可称为过失性辞退，就是在劳动者有过错情形时，用人单位有权单方解除劳动合同，并且不支付经济补偿金，这是对于劳动者而言最严厉的处罚措施。正因如此，《中华人民共和国劳动合同法》对过失性辞退的程序有严格的要求。本案中，许某向化工厂提供虚假的病假条，骗取病假，其行为严重违反了用人单位的规章制度。因此，用人单位有权解除双方的劳动合同，并不用支付经济补偿金。

问题5：
职工未履行病假手续，公司可以开除职工吗？

[案例]

2015年9月15日，薛某入职某地产公司，担任预算师，双方签订期限自2015年9月15日至2018年9月14日的劳动合同。2017年6月5日上午，薛某给其主管领导发短信称"脚扭伤，请病假一周"。主管领导回复："请按照公司规定尽快提交请假手续。"2017年6月12日，薛某再次给主管领导发短信请病假一周。主管领导回复："按公司制度执行请假申请，具体请联系人力专员。"同日，公司人力专员给薛某发短信称："您好，如休病假请履行请假手续，如未请假请按照公司规定时间正常出勤签到。"薛某回复："本人在休假期，已跟主管领导请假，上班后我再提交病假资料。"人力回复："您可以在家通过OA系统完成相关请假手续，请尽快提交。"这期间，薛某均未提交请假手续。2017年7月3日，地产公司以薛某旷工且不服从公司管理为由，与其解除劳动合同。后经仲裁及诉讼程序，薛某要求地产公司支付违法解除劳动合同赔偿金。

法院经审理查明，地产公司设置有详细的请休假制度，薛某对相关制度也清楚知悉。其中，《请休假管理制度》规定：职工因急诊申请病假，应及时向直属领导请假，并在假期生效之日起3日内通过OA系统提交请假单并附医院出具的急诊证明，逐级完成请假单审批流程，不能提供急诊证明的，职工需重新提请其他申请，否则按旷工处理。《职工手册》中规定：职工请假未获批准而缺勤的情形视为旷工；12个月内旷工累计3日及以上者为重度违反劳动纪律，公司有权解除劳动合同且无须支付经济补偿金。

庭审过程中，地产公司主张为合法解除；薛某则提交了2017年6月5日之后的相关诊疗材料。薛某表示自己确实生病了，没有履行请休假手续不应视为旷工，公司是违法与其解除劳动合同，应支付违法解除劳动合同赔偿金。

法院经审理后认为，薛某在公司多次催促办理请休病假手续后，均未提交，应构成旷工，地产公司与薛某为合法解除劳动关系，判决驳回了薛某的诉讼请求。

［法律问题］

职工未履行病假手续，公司可以开除职工吗？

［法律分析］

劳动者享有在身体不适时申请休假的权利。与此相对，用人单位亦享有审核劳动者休假申请的权利。劳动者应按照公司规定提请病假手续，以便公司进行管理及安排相关工作。本案中，用人单位关于请休病假的相关规定十分明确，且公司已多次与劳动者进行了沟通，但劳动者仍坚持不服从公司的管理，在能够办理病假手续的情况下拒绝提交。对此，用人单位认定为旷工，并与之解除劳动合同并无不当。

[案例拓展]

司法实践中，因病假引发的劳动争议纠纷时有发生。劳动者享有休息休假权，用人单位则享有用工管理权。双方均有权行使自身合法权利，并履行相应义务。

从劳动者角度：劳动者享有休息休假权。换言之，劳动者如果确实存在生病的事实导致无法正常提供劳动的，则依法享有请休病假的权利；相应地，劳动者应对生病事实的存在承担举证责任，同时应根据公司规定办理请休病假的手续。

从用人单位角度：劳动者虽未在病假期间正常提供劳动，但用人单位仍应向劳动者支付病假工资是用人单位的法定义务。有关病假期间不支付病假工资的约定或规定均违反法律的强制性规定，应为无效条款。但考虑到劳动者确实并未在病假期间正常提供劳动，对于用人单位而言也存在经营成本，故法律允许用人单位就病假工资与劳动者进行约定，并允许低于正常工资标准，但不得低于当地最低工资标准的80%。

第六章

其　他

问题1：
职工违反公司制度，公司是否可以处以罚款？

[案例]

31岁的李某在A市某纺织厂纺织车间担任质检工已经10年了，月工资近2000元。9月13日晚，李某值夜班，至下半夜到隔壁成品车间布堆里睡觉。约凌晨1点钟时，车间主任陈某突然来到车间查岗，正在串岗睡觉的李某被逮个正着。

事后李某为此事写了检讨，但等月底拿到8月和9月的"工资条"后发现，自己两个月的13个夜班工资竟全部被扣除，还另有300元罚款。"我在厂里已经干了10年了，值夜班时睡觉确实是错了，也愿意接受处罚，但一次扣掉1000多元，快赶上我1个月的工资了，我不服。"

次日，不服这一处罚的李某离开该厂，并于11月11日向当地劳动社会保险局投诉。

接到李某的投诉，A市劳动社会保险局非常重视，立即派人前往该纺织厂调查，宣传有关工资支付的法律法规，并查看了李某与纺织厂所签的劳动合同，建议取消罚款。纺织厂负责人认为，这一处罚是车间主任所作，他不能更改，不然会给车间主任今后开展工作带来不利。虽然当天有关负责人答应考虑劳动社会保险局的建议，但第二天纺织厂电话告知李某，对李某的处罚不变。

李某不服，提起仲裁。仲裁裁决，纺织厂返还1000元罚款。纺织厂不服，提起诉讼，法院判决纺织厂应返还1000元罚款。

[法律问题]

1. 如果职工违反公司的制度，公司能否对职工进行处罚呢？
2. 公司有无罚款的权利？

[法律分析]

从法律上讲，罚款是剥夺公民财产权的行为，属于财产处罚范畴，其实质上是一方对另一方经济资源的单方剥夺。这种剥夺无论是形式上还是实质上，都必须要有法律依据。

《中华人民共和国立法法》和《中华人民共和国行政处罚法》规定，对财产的处罚只能由法律、法规和规章设定。《中华人民共和国行政处罚法》第九条规定："行政处罚的种类：

（一）警告、通报批评；

（二）罚款、没收违法所得、没收非法财物；

（三）暂扣许可证件、降低资质等级、吊销许可证件；

（四）限制开展生产经营活动、责令停产停业、责令关闭、限制从业；

（五）行政拘留；

（六）法律、行政法规规定的其他行政处罚。"

第十条规定："法律可以设定各种行政处罚。限制人身自由的行政处罚，只能由法律设定。"

第六十七条规定："作出惩罚决定的行政机关应当与收缴罚款的机构分离。"

因此，只有行政机关才有罚款的权力。企业是以营利为目的的经济组织，在规章制度中设定罚款条款本身于法无据，无权作出罚款的决定。另外，《企业职工奖惩条例》早已于2008年废止。根据现行法律法规，企业设立罚款制度并无法律依据，对劳动者不具有法律约束力。

即使有人认为《中华人民共和国劳动法》和《中华人民共和国劳动合同法》中没有企业罚款的相关规定，"法无禁止即自由"，企业可以罚款，但由于罚款的性质属于公权力范畴，并非平等的民事法律关系，故其必须基于法律法规作出。因而企业罚款既不合法，又不合理。

在司法实践中，劳动仲裁委和法院大都会认为用人单位无权直接对职工进行罚款，企业的多数罚款均为无效，职工有权不予支付或讨回。

［案例拓展］

用人单位是否有权"扣工资"？哪些情况下"扣工资"是合法的？

用人单位是资方，钱在用人单位手上，既然不能让劳动者把钱掏出来，是否可以给劳动者少发工资呢？1994年，《中华人民共和国劳动法》实施之后，劳动部跟进颁布了《工资支付暂行规定》，其中第十五条明确规定"用人单位不得克扣劳动者工资"。无故克扣的，劳动行政部门可以责令用人单位"支付劳动者工资和经济补偿，并可责令其支付赔偿金"。

既然有"无故"克扣，那肯定就存在不是"无故"的情形。

《工资支付暂行规定》第十五条规定："用人单位不得克扣劳动者工资。有下列情况之一的，用人单位可以代扣劳动者工资：

（一）用人单位代扣代缴的个人所得税；

（二）用人单位代扣代缴的应由劳动者个人负担的各项社会保险费用；

（三）法院判决、裁定中要求代扣的抚养费、赡养费；

（四）法律、法规规定可以从劳动者工资中扣除的其他费用。"

《工资支付暂行规定》第十六条同时也规定："因劳动者本人原因给用人单位造成经济损失的，用人单位可按照劳动合同的约定要求其赔偿经济损失。经济损失的赔偿，可从劳动者本人的工资中扣除。但每月扣除的部分不得超过劳动者当月工资的20%。若扣除后的剩余工资部分低于当地月最低工资标准，则按最低工资标准支付。"

用人单位要让劳动者赔偿经济损失，首先需要证明劳动者给用人单位造成了损失，还必须是因为本人原因。法律上讲究举证责任，谁承担举证责任，谁就有义务提供证据。而不承担举证责任的一方，不需要进行任何解释。

那么谁承担举证责任呢？用人单位减少劳动报酬的争议，由用人单位举证证明合法性。这样一来，用人单位负有相应的举证责任。这意味着用人单位在减少劳动报酬的时候，必须想方设法保留充足证据，充分证明减少劳动报酬的事实存在、合法合规。

遇到减少劳动报酬，这不是用人单位是否具有"罚款权"的问题。初步建议如下：

（1）检查是否签订书面劳动合同。如果已经签订过劳动合同，逐句阅读是否存在"减少劳动报酬"相关约定。特别提示：如果没有签订书面劳动合同，若是最近一年入职，可以要求单位支付未签订书面劳动合同的二倍工资。

（2）检查该用人单位是否存在规章制度，在制度里面是否提到"减少劳动报酬"等规定。特别提示：规章制度需要满足很多条件才具有法律效力。如果没有公示，或未经过民主讨论，即使存在规章制度，也可能被判定违法，而不能用来作为定案依据。

（3）如果以上两点的答案是否定的，那么用人单位减少劳动报酬可能涉嫌违法。作为劳动者，可以在不解除劳动关系的情况下，申请劳动仲裁。

（4）想直接解除劳动合同怎么办？如果单位未缴纳社会保险，或者有拖欠工资、克扣加班工资等情况，情节比较严重的，职工可以直接以书面邮寄方式（或微信、短信等可以保存下证据的方式）单方面解除劳动关系。除了被克扣的工资之外，还可能拿到一笔经济补偿。切记：解除的事由一定要写清楚，例如根据《中华人民共和国劳动合同法》第三十八条，因用人单位未依法为劳动者缴纳社会保险费、未及时足额支付劳动报酬，因此解除劳动合同。

问题2：
公司内部的《职工奖惩管理办法》是否合法有效？

[案例]

周某是A市一家外资企业的职工。公司认为周某伙同其他4名同事肆意通过群发电子邮件，恶意诋毁其主管的人格，故依据公司内部的奖惩管理办法，于2018年3月11日对周某作出重大违纪辞退处理。周某不服，向劳动争议仲裁委员会申请仲裁，要求撤销公司的辞退公告，并赔偿经济补偿金、赔偿金等共计人民币13000元。

公司辩称，公司依法制定了符合规定的各项规章制度，其中包括公司的《职工奖惩管理办法》。周某伙同他人肆意群发带有人身攻击、侮辱人格等词语的电子邮件，给公司部分同仁及其家属造成一定程度的精神损害，影响极坏，已严重违反公司的相关规章制度。公司为严肃规章制度，以儆效尤，绝不允许再发生这种挑衅公司的行为，对周某做出了辞退的决定。

[法律问题]

公司内部的《职工奖惩管理办法》是否合法有效?

[法律分析]

仲裁委经审理认为,根据《中华人民共和国劳动合同法》第四条规定:"用人单位在制定、修改或决定有关劳动报酬、工作时间、休息休假、劳动安全卫生、保险福利、职工培训、劳动纪律以及劳动定额管理等直接涉及劳动者切身利益的规章制度或重大事项时,应当经职工代表大会或者全体职工讨论,提出方案和意见,与工会或者职工代表平等协商确定。"公司所提供的"规章制度"没有经过职工代表大会或者全体职工讨论,没有经过民主程序讨论通过,公司的《员工奖惩管理办法》不具有法律效力,公司不能依照《员工奖惩管理办法》对周某作出违纪辞退处理。对周某请求撤销辞退公告,仲裁委予以支持。因公司违法解除与周某的劳动合同,依据《中华人民共和国劳动合同法》第四十八条、第八十七条的规定,支付周某赔偿金。周某请求的经济补偿金,因支付了赔偿金再支付经济补偿金无法律依据,仲裁委不予支持。

[案例拓展]

通过对上一案例的分析,明确了公司对职工的罚款权于法无据。但是如果公司有内部的管理办法,是否能够对职工进行奖惩呢?

企业内部的规章制度必须合法、明确才能对职工具有约束力。所谓"合法",包括内容合法和制定程序合法。

一方面，企业自己制定的规章制度不得违反法律、法规的禁止性规定。内容合法就是指用人单位的规章制度其内容符合《中华人民共和国劳动法》《中华人民共和国劳动合同法》及相关的法律、法规，不能与法律、法规相抵触，相抵触的部分是无效的。《中华人民共和国劳动合同法》第四条规定了企业的规章制度要依法制定，《劳动部关于<劳动法>若干条文的说明》指出《中华人民共和国劳动法》第四条规定的"依法"是指依据所有的法律、法规、规章，包括宪法、法律、行政法规、地方法规、行政规章等。依法制定规章制度，是保证其内容合法的基础。法律有明文规定的，用人单位可以依据法律的规定，制定出符合本企业实际情况的细化、具体的规章制度，对于没有相关法律规定以及法律没有禁止性规定的，用人单位可以依据劳动法律立法的基本精神以及公平合理原则出台相应的规章制度。

另一方面，企业内部的规章制度应当经民主程序讨论通过，即企业在制定涉及劳动者切身利益的规章制度或者重大事项时，应当依法经职工代表大会或者全体职工讨论，提出方案和意见，与工会或者职工代表平等协商确定。民主程序对规章效力的影响应以《中华人民共和国劳动合同法》施行时间为准。在2008年1月1日以前制定的规章制度只要内容合法且经过公示程序，即使缺少制定阶段的民主程序也可以作为用人单位管理、处分劳动者的依据；在2008年1月1日以后制定的规章制度，只要缺少制定阶段的民主程序，一般就认定无效，不能作为用人单位管理、处分劳动者的依据。所谓"明确"，即企业应当将企业内部的规章制度采取公示、对职工培训、签订合同时告知职工等方式让职工知晓。

本案中，公司内部制定的《员工奖惩管理办法》虽内容不违反我国法律、法规的禁止性规定，但由于该规章制度未依法经民主程序讨论通过，且未有证据表明公司已将该规章制度以一定的方式告知周某，故该规章制度不具有法律效力。公司依据该规章制度对周某作出的辞退决定，依法应被撤销。

　　面对激烈的市场竞争和不断上升的人力资源成本，现代企业已摆脱了过去"人管人"的管理模式，纷纷采用了"以制度管理职工"的现代企业管理模式。在管理过程中，企业势必要制定多项涉及职工利益的重大事项或规章制度，而多数企业在将注意力放在规章制度内容的合法性时，往往容易忽视一点，那就是制定内部规章制度程序也同样重要。本案给众多企业上了很好的一课，也为劳动者依法维护自身合法权益提供了一个范例。

问题3：
劳动者的保密义务和竞业限制义务一样吗？

[案例]

　　2020年5月，金某某通过应聘进入了Y公司，与Y公司签订了3年的合同，岗位是技术总监。2020年8月，Y公司决定对旗下芯片产品进行升级换代，为了与国际标准接轨，Y公司委派金某某去X国的Z公司进行专业技术交流学习，为期1年，Y公司为金某某支付培训费30万元人民币。同时，为了避免金某某学成后转投其他公司或泄露商业秘密，Y公司与其签订了一份合同，规定金某某学成后应留任Y公司技术总监3年作为服务期，同时签订了保密协议。2021年8月，金某某培训结束回到Y公司，2021年12月，金某某严重违反公司的规章制度，现Y公司欲提前解除服务期合同并要求金某某支付违约金。金某某对此不服，认为并非自己不履行服务期合同，是公司想解除合同，自己不应该支付违约金。金某某向所在区仲裁委申请劳动仲裁。在此期间，W公司看上了金某某培训所学的知识能帮助自己的产品更新换代，高薪聘请金某某担任自己公司的技术总监，并帮助W公司生产出与Y公司相同的芯片，金某某接受了W公司的邀请，为W公司芯片产品提供技术指导。Y公司知道后认为金某某与W公司侵犯了自己的权益，要求W公司与金某某进行赔偿。

[法律问题]

1. 金某某在服务期内严重违反公司规章制度被解聘，是否需要向公司支付违约金？

2. 违反保密协议是否需要赔偿？

[法律分析]

本案中，因金某某严重违反了公司规章制度而被解聘。劳动者违反服务期约定包括：①服务期内劳动者一方原因提出辞职；②劳动者因为"过错"被用人单位解除劳动合同，均属于违反服务期约定，劳动者应当按照约定向用人单位支付违约金。但是劳动者违反服务期约定的，其违约金数额最高不得超过培训费用。

《中华人民共和国劳动合同法》明确只有两种情况可约定劳动者违约时承担违约金：①违反服务期约定；②违反竞业限制约定（《中华人民共和国劳动合同法》第二十三条）。

根据《中华人民共和国劳动合同法》第二十三条第一款的规定："用人单位与劳动者可以在劳动合同中约定保守用人单位的商业秘密和与知识产权相关的保密事项。"事实上，劳动者的保密义务不等于竞业限制义务。二者是两项独立的义务，保密义务并不包含竞业禁止。所以在未明确约定金某某负有竞业限制义务时，金某某有权到W公司工作。但金某某帮助W公司生产出与Y公司相同的芯片，属于违约披露，违反了"保密协议"，因为劳动者的保密义务是约定义务，金某某构成侵犯公司的商业秘密权，应当承担侵权责任。

依据《中华人民共和国反不正当竞争法》第九条第三款的规定："第三人明知或者应知商业秘密权利人的职工、前职工或者其他单位、个人实施本条第一款所列违法行为，仍获取、披露、使用或者允许他人使用该商业秘密的，视为侵犯商业秘密。"W公司明知金某某侵犯商业秘密仍聘请其作为技术总监，也视为侵犯商业秘密。所以，金某某和W公司均应对Y公司承担赔偿责任。

[案例拓展]

对于劳动者工作中的过错如何认定？

《中华人民共和国劳动合同法》第二十九条规定：用人单位与劳动者应当按照劳动合同的约定，全面履行各自的义务。《中华人民共和国民法典》第一千一百八十四条规定：侵害他人财产的，财产损失按照损失发生时的市场价格或者其他合理方式计算。可以看出，劳动者对用人单位应当承担侵权赔偿责任。

用人单位要求劳动者赔偿损失，应当从如下几个条件考虑：

（1）用人单位存在损失；（2）劳动者存在违反规章制度、操作流程，或应当遵守的劳动纪律、职业规范等侵权行为；（3）损失与劳动者的违规行为是否有因果关系；（4）劳动者是否存在主观过错。对此，用人单位应当举证证明，承担相应的证明责任。但是，由于劳动关系具有人身依附性，用人单位作为劳动成果的主要享受者，也应当承担一定的经营风险。一般情况下，劳动者的故意或重大过失给用人单位造成经济损失的，劳动者才负赔偿责任。

那么用人单位损失范围的确定与赔偿呢？

首先，依据《工资支付暂行规定》第十六条规定，因劳动者本人原因给用人单位造成经济损失的，用人单位可按照劳动合同的约定要求其赔偿经济损失。经济损失的赔偿，可从劳动者本人的工资中扣除。但每月扣除的部分不得超过劳动者当月工资的20%。若扣除后的剩余工资部分低于当地月最低工资标准，则按最低工资标准支付。一般而言，劳动者赔偿用人单位经济损失应以对生产、经营和工作造成的直接经济损失为限。

从用人单位角度来说，用人单位应及时确定与经济损失有关的证据，一旦发生争议，就可以用证据支持自身的合法主张。从劳动者角度来说，所造成的经济损失与劳动者的过错程度及原因大小有关。为此，劳动者需承担与之相应的全额或者部分赔偿责任。

其次，用人单位的规章制度规定的赔偿办法，原则上不能突破《工资支付暂行规定》第十六条的规定。

最后，赔偿方法由用人单位与劳动者采取协商的方式进行。如可与在职劳动者约定，是一次性赔偿还是逐月按工资比例赔偿。对于离职劳动者，用人单位也可以要求一次性赔偿或通过仲裁、诉讼等途径解决。